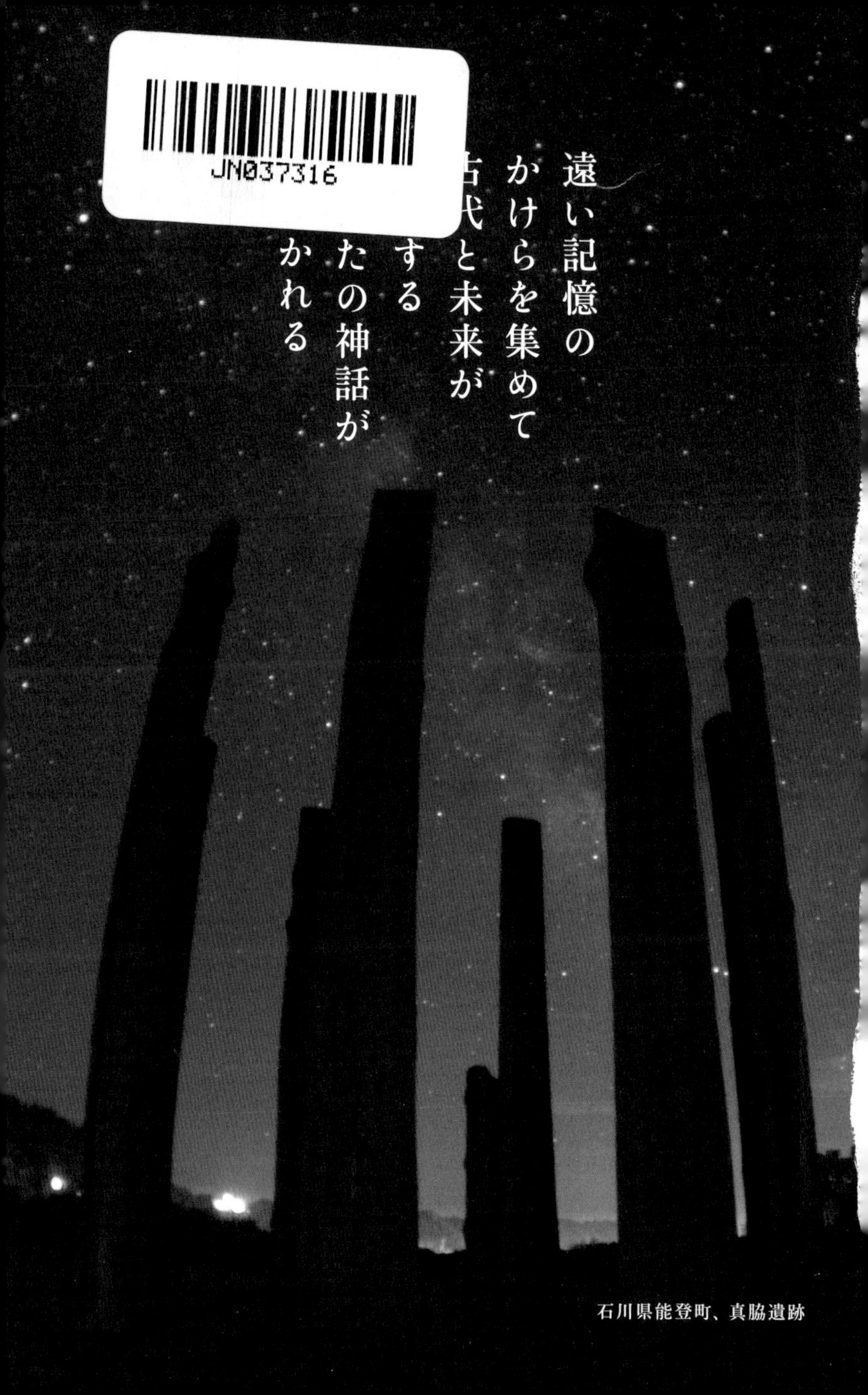
遠い記憶の
かけらを集めて
古代と未来が
する
たの神話が
かれる

石川県能登町、真脇遺跡

縄文からまなぶ33の知恵

はせくらみゆき

徳間書店

私たちの遠き祖先——縄文人

遥か昔、同じ大地のこの上で、野山を駆け抜け、獲物を追い、食べられる草や実を拾い、海辺で貝を拾い、魚を捕り、海藻を採って暮らしていた民がいた。

石や骨を使って、使いやすそうな道具を作った。
土と水をこねて、炎にくべて、便利な器も作った。
たくさんの人形《ひとがた》をつくって、お祀《まつ》りもした。
お母さんのお腹の中に戻ったような家に住んで、みんな仲良く暮らした。

祭りの日は、みんなで歌った。踊った。愛し合った。
たくさん笑って、泣いて、分かち合って、暮らした。
自然も人も動物も、皆、彼らの大切な仲間だった。

なぜなら、それらすべての中に、カミサマが宿っていたから。
彼らは、自然の恵みを必要なだけ受け取り、愛した。
人を殺《あや》める武器を、「発明」しなかった……いや、したくなかった。
話が合わなければ、離れて暮らせば、それでいい。

いくさのない時代を、1万年以上にわたって続けてきた人々。
おひさまと大地、祖先を敬《うやま》いながら、助け合って暮らしていた人々。
それが、私たちの遠き祖先——縄文人といわれた人々だった。
その血は、脈々と受け継がれ、今も私たちの中に生きている。

さあ、私たちの血の奥に刻まれた、記憶の扉を開けにいこう。
太古と今を繋《つな》げて、新しい物語をあなたの「今」に重ねあわせよう。

あなたの中の、縄文活性度をチェックしてみよう！

当てはまる□の中に、✓（チェック）を入れてください。

□ 旬を大事にして食べている。
□ 山菜取りが好き。潮干狩りが好き。
□ 鍋物が好き。
□ シンプルな味付けが好み。
□ お酒が好き。
□ 弓矢を使ってみたいと思う。
□ 露天風呂が好き。
□ お刺身が好き。魚好き。
□ ナッツ好き。
□ アクセサリーをたくさん着けたくなる。
□ パワーストーンが好き。

□タトゥーを見るとカッコいいと思う。
□自然素材の服が好き。
□直観力がある、直感が鋭い。
□都会よりも自然の中にいるとホッとする。
□こねたり、まるめたり、叩いたりといった作業に喜びを覚える。
□ウリ坊を見ると、ペットにしたくなる。
□日本犬（柴犬など）が好き。
□蛇は怖いけれど、尊さを感じる。
□赤と黒の色合いを見ると、気持ちが高揚する。
□椅子《いす》に座るよりも、畳の上に座るほうが心地よい。
□擬音語・擬態語が会話の中によく出てくる。
□お日様を見ると、手を合わせてお祈りしたくなる。
□星を見るのが好き。
□祭囃子《まつりばやし》を聴くと踊りたくなる。

□人から、逞《たくま》しいといわれることがある。
□手漕ぎボートやカヌーを見ると、漕いでみたくなる。
□あらゆるものに神が宿っていると思う。
□友好的で平和的、争いを好まず穏やかだと言われる。

〈あなたの縄文活性度は？〉
☑が20個以上……80％以上
☑が15～19個……70％台
☑が10～14個……60％台
☑が5～9個……50％台
☑が4個以下……50％以下

この本に出合っている自体、縄文スイッチがON状態になっています。
どうぞ、本書を読み終えてから、またチェックしてみてくださいね。
活性度が上がっているかも!?

縄文からまなぶ33の知恵　目次

第1章　縄文人は「海の民」

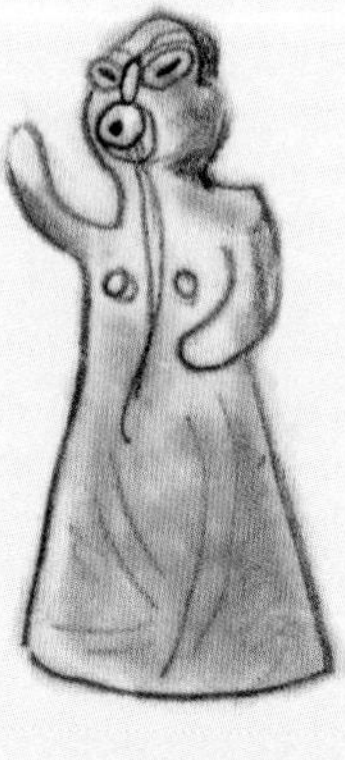

第2章 縄文人の暮らしと一生

第3章 縄文の信仰——土偶は語る

第4章 縄文と言葉について

第5章 私たちの暮らしの中に、今もなお生きている「縄文」

カバー画／本文イラスト　はせくらみゆき
装丁　三瓶可南子
編集　豊島裕三子
扉／P40（下）、P157（上）写真　加田　満

さくっと縄文――縄文時代のプロフィール

◉縄文時代とは？

今から約1万6500年前から2300年前頃（時代区分は諸説あり）に至る、表面に縄目の文様を付けた土器を創り、使っていた時代のこと。

長く続いた氷河期が終わり、温暖化へと移り変わる頃より、縄文の時代がゆっくりと始まっていったと考えられる。長期にわたる時代のため、使われていた土器の特徴から、草創期・早期・前期・中期・後期・晩期の時代区分がある。

◉どんな暮らしをしていたの？

縄文時代の暮らしは、当時の遺跡（登録されているだけでも9万件以上ある）を発掘し、遺構や遺物などの出土品を詳しく調べることで見えてくる。

彼らの暮らしは、半地下で温度が一定に保ちやすい、竪穴《たてあな》住居に住み、土器や石器を作り、狩猟漁撈《ぎょろう》採集生活を送っていた。

最も特質的なことは、農耕や牧畜をせずとも、一定の居住区に数千年という単位で暮らし続けていたことである。

◉どんな食べ物を食べていたの？

クリやクルミなどの木の実や、山菜、キノコなどの植物を採って食べたり、シカやイノシシ、ノウサギなどを捕まえて食べていた。

また、海や川から魚を捕り、貝や海藻も採集し、旬の恵みを取り入れながら、年間を通して計画的な食糧需給が行われていた。

◉どんな道具を使っていたの？

土器と弓矢が縄文時代の二大発明。土器は祭祀《さいし》の他、煮炊きにも使われることによって、食生活の質と幅が一気に広がった。

また、弓矢を使うことによって、離れていても射止めたり、威嚇《いかく》

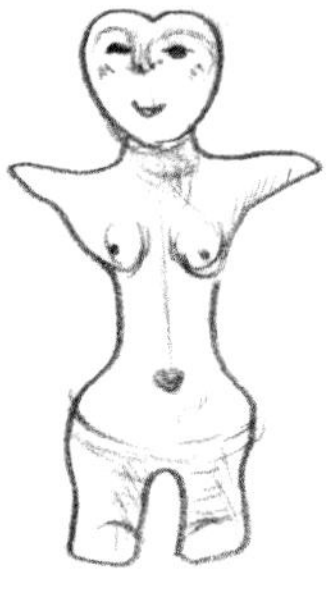

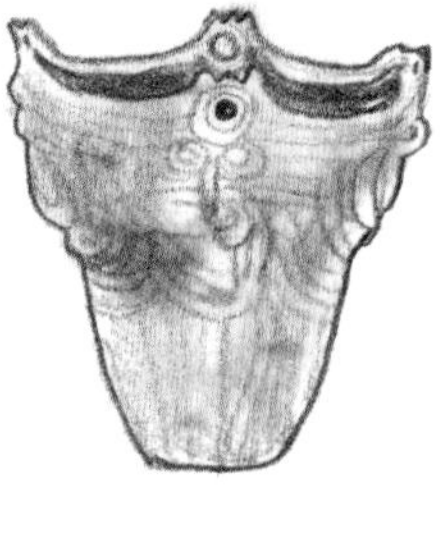

することができるため、食糧確保だけではなく、人と獣との間の棲《す》み分けが可能となった。

他にも矢じりやナイフ、石斧《せきふ》など、用途に合わせたさまざまな石器が作られたり、釣り針や針、籠、漆《うるし》製品など、必要とする道具を身近なものを使って作り出していた。

◉どんなところで暮らしたの？

遊動生活であった旧石器時代は、移動可能な簡易テントのようなものに住んでいたと考えられるが、縄文からは長期間、同じ場所に居住することが出来る、竪穴住居を作り、数軒が集まって、共同生活をするようになった。

やがて大型化した共同体は、大型の建物や貯蔵庫、広場、共同墓地、貝塚、ストーンサークルなども作るようになった。

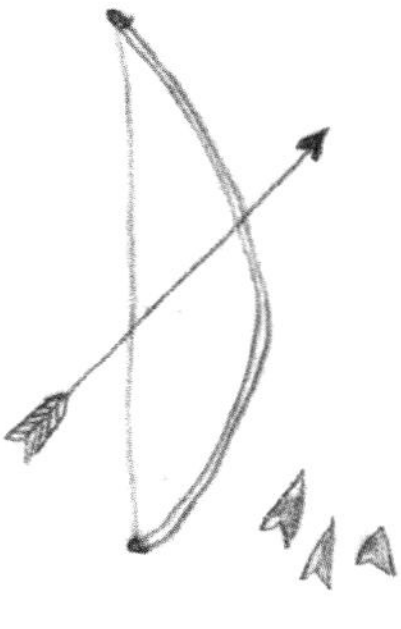

⊙縄文人と海との関係性は？

丸木舟や葦《あし》船に乗り、海を渡り、遠く離れた場所まで交易をしていた海の民であった。ヒスイや黒曜《こくよう》石、珍しい南洋の貝などが交易対象となっていた。

人びとは、これらのヒスイや貝を使って、アクセサリーを作ったり、暮らしに必要な道具を作り、全国規模で（実は、海外からも多く出土されている）で交易しながら、人や情報の交流も盛んだったと考えられている。

⊙縄文人はどんな姿をしていたの？

縄文人の平均身長は、男性が１５７センチ、女性は１４７センチ程度で、筋肉質のがっしりとした体つきだったと考えられている。抜歯や入れ墨の習慣があった。

平均寿命は31歳程度。イラクサ科の自生植物である苧麻《ちょま》や麻など

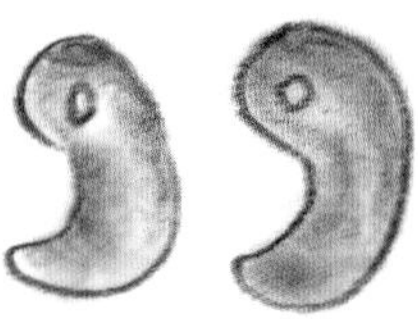

で出来た衣服を着ていた。

◉縄文人の精神文化はどんなもの？

太陽と大地を尊び、自然の中に神を見いだし、先祖を敬い、暮らしていた。殺傷力のある武器は作らず、皆で助け合い、分かち合いながら平和的な生活を1万年以上にわたり、続けていた。

土偶や装飾性の強い土器を作り、豊穣や安産、安全などを祈願していたと考えられる。

自然と共に生き、持続可能な社会を実現した、元祖ＳＤＧｓの民だった。

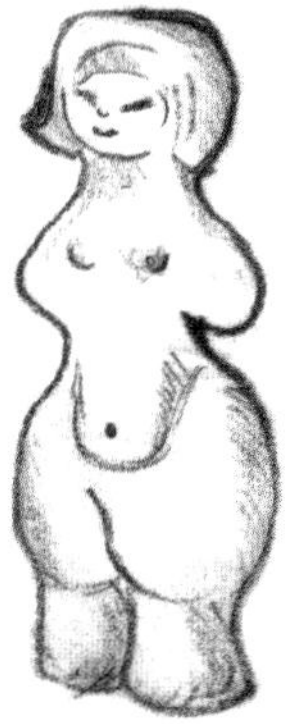

プロローグ

カン、カンカン、カーン！　乾いた音が中庭にこだまする。

しばらくその音が続いた後、小さな歓声があがり、子どもたちが周りを取り囲む。中央にいる子の手のひらには、灰色の石が握られていて、真っ二つに割れている。

割れ目から見えるのは黒光りした石の断面。黒いガラスのように光っていてカッコいい。

「この石は、昔の人が使っていたもので、持っていったら高く売れるんだってよ」

一人の男子が言うと、今度は皆がこぞって石探しを始めて、同じ音が至る所から鳴り響く。最初に石同士をぶつけて割っていた子は、5時間目のチャイムが鳴るまで続けていて、チャイムと共に慌てて教室に入る。

そのちょっと変わった子が当時の私でした。この体験が、私の初めての「縄文」との出逢いです。石の名は十勝石《とかちいし》、正式名は黒曜石《こくようせき》といいます。

当時、北海道東部にある田舎町に住んでいた私は、小学3年のお昼休みの時に流行した遊び――中庭に敷き詰められた石から、黒曜石を探す遊びに夢中になっていました。

ちなみに十勝で見つかる黒曜石は、北海道中央にある大雪山系の激しい火山活動から生まれたもので、マグマが急速に冷えて固まることで出来た、大地の置き土産のようなものです。

黒光りしたガラス質の輝きが美しく、その中でも、ごくたまに見つかる「れいろう」という十勝石――太陽にあてると虹色に輝く特別な石を探すことが流行《はや》りました。

とはいえ、校舎の中庭に敷き詰められた石を砕いていることが先生に見つかり、たっぷり怒られた後、ブームは一気に終焉《しゅうえん》を迎えたのです。

私自身は、その作業があまりに楽しく、今度は別な場所を見つけて、石をたたき割っていたのですが、割る際に、ケガをしたので、パタッとやめてしまいました。

その石が縄文時代に貴重なものであったということを知るのは、もう少し後のことです。社会科の授業――「郷土の歴史」の中で知ることになりました。とはいえ、「ふーん、そうなの」といった程度で、何の感慨もなく忘れ去ってしまいました。

次に出逢った「縄文」は、家から歩いて行ける場所にあった川べりでのこと。男子に混じって、釣りにつき合っていた時のことです。

男子が糸ミミズをくくり付けて、川で釣りをするのを見ながら、私は崖《がけ》に面した土手に座って、地層がむき出しになった岩肌を、指でかきむしりながら遊んでいました。するると、土の中から、土でないものが現れ、汚れを払ってみると、お椀の欠片《かけら》のようなものが出てきました。表面には細かい縄目《なわめ》の文様《もんよう》が施されています。

何これ？　と思い、他にもあるか探したら、同じような欠片があちこちから見つかりました。なんだか大発見した気がして、嬉《うれ》しくなり、一番きれいそうな欠片を家に持ち帰って親に見せました。

「あ、それねー。ずいぶんと昔の人が使っていたものらしいよ」と母はいいます。

私は「へーえ、すごいね」といって、しばらく机の上に置いておいたのですが、あまりきれいじゃないなと思い、掃除の際に、捨ててしまいました。今の私だったら、うっとりと見とれて、捨てることなどあり得ないと思うのですが……。

こうして2回目の縄文体験も、あっさりとクローズしました。

さらに3度目がやってきます。それは、成人した職場での出来事です。

大学を終え、当時、札幌医大に付設された衛生短期大学部の理学療法学科で、研究補助員として社会人のスタートを切りました。

研究補助員といっても、雑用や事務が中心で、授業中に出席カードを配ったり、授業の準備や資料を整えたりする仕事でした。

その中で、私の好きな時間は、解剖学の授業の準備だったのです。全身の骨格標本を持ち運んだり、プラスチックでできている教材用の骨や筋肉を揃えながら、人体ってすごいなぁと感動していたのです。

そんな解剖学の準備をしている際、たまに通りかかる一角に、考古学の研究室がありました。たまたま友人がその研究室でバイトをしていた関係もあり、その部屋を訪れることがあったのです。

研究室のドアを開くと、一面テラコッタ色の世界で、土器の欠片が拡がっています。友人はそれら一つひとつを、点描で再現する、という仕事をしていました。

「緻密《ちみつ》に点で描くってさー、肩、凝《こ》るんだよね」という友人の言葉を聞きながら、この形って、かつて崖から持ち帰った、土器と同じだなぁと思いました。

「どうして、医大なのに、こんなものがおいてあるの？」と聞くと、土器片などと共に、人骨も一緒に出てきたりするからなのだそうです。

「ふーん、そうなんだー」で、あっけなく終焉。3度目の正直といいますが、鈍い私には、3度目も不発で、縄文の魅力に気づくことはありませんでした。

そして4回目。ここでやっと縄文スイッチがはいるのですが、その時にはすでに3人の子のお母さんになっていて、子育てに奔走する日々でした。

ニュースを見ていたら、縄文遺跡から子どもの足形の付いた、足形付土製品が発見されたという報道が流れたのです。

その映像を見た時、突然、涙がポロポロ溢れ、自分でもびっくりしました。

少し大きな足形――2歳ぐらいかなぁ、ちっちゃな足形――3か月も経っていないかも、ちょっとだけ大きくなった足の裏――たぶん1歳児……子育て経験者のカンで、すばやく年齢を推察した私は、直観的に、これはせっかく生まれたけれど、途中で光に帰った子どもの足形なんだろうなと思いました。


ニュースでは、キャスターがにこやかな笑顔で「赤ちゃんの足形をとるのは、今も昔も変わりませんねえ」といってニュースを締めくくっていました。

けれども私は、「違うよ。大きくなりたくてもなれなかった可愛い我が子を偲んで、足形をとって祈っていたんだよー」と心の中で叫びました。

こぼれる涙の中で、いにしえの日々を生きたお母さんの姿と、あどけない赤ちゃんの笑顔や泣き顔、眠る姿が浮かび上がってきました。

実際、足形は大人の骨の近くから発見されたのだそうです。また、土版の焼成が甘く、雨風にさらされると形が壊れてしまうとのことから、竪穴住居の中でぶら下げていたであろうことも伝えていました。きっとその土版を見るたびに、その子を思い出していたに違いありません。

そして、お母さんが亡くなった時、残された家族は、赤ちゃんの足形も傍らに置いて、死を弔い、再生を願ったのでしょう。この時始めて、縄文と私のパズルピースがハマったのです。実に4度目の正直でした（……ってこんな言葉はないですね）。

以来、私は、縄文という時代が大好きになりました。そこにあるのは、年代や出来事の羅列ではなく、その時代を生きた人々の生きざまが、歴史が、物語が、いのちを宿して、立ち上がってきたからです。

最初は、縄文時代はどんな言葉を話していたのだろうと疑問に思い、原日本語の研究をしていたのですが、次第に、習俗や暮らし、精神文化に興味を持ち、遺跡もめぐるようになりました。

といっても、遺跡を一通り巡った後は、お気に入りの場所を見つけて、ただ、ボーッとしているだけなのですが。それでも、そんな時こそ、インスピレーションがどんどん湧いてくるのです。

そしてだんだんと、いにしえを生きた人々の、声なき声――空気感や質感、人々の想い、暮らしの様子などが、心の中にダイレクトに響いてくるような、不思議な感覚を覚えるようになりました。

その独特なる質感を言葉で表現するなら、「思う」や「考える」を超えた、「感じる」・「(理屈を超えて) わかる」という感覚でもありました。


同じ大地の同じ場所で、はるか昔、この人たちは確かに生きていた。

子育てをし、火をくべ、道具を作ったり、編み物をしたり、木の実を採って、煮たきをして、歌を歌い、踊り、愛し愛され、助け合って生きていた――そんな暮らしを続けた人々が、ここに住んでいたんだな。

そう思うと胸がいっぱいになりました。

その後、ゆるゆるとそうした愉《たの》しみを続けつつ、図書館で関連する図書を読みあさりながら、現地で受け取る感覚と共に、知的好奇心を満たす遊びを続けていました。

今回、そうして胸中で温めていた縄文への想いを、一冊の本として、まとめることにしました。とはいえ、独りよがりになるのもどうかと思いますので、読み終えたころには、縄文時代の概要が一通りわかるように、構成してみました。

1万年以上の長きにわたり、定住生活しながらも、農耕を行わなかった人々は、いったい何を考え、何を思い、どう暮らしていたのでしょうか？

人を殺《あや》める道具をつくることなく、平和を享受した時代。原日本語（大和言葉、和語）を話し、大海を越えて世界中を旅した彼らは、どんな思いを、未来の子孫である私たちに託したのでしょうか？

さらに、今を生きる私たちが抱えている文明の諸問題を、彼らの視点から見るとどう映り、どのように捉え、動くことが、良き未来へと続く要石となるのでしょうか？

古代と未来を繋ぐ、新時代へのヒントを、縄文の風に吹かれながら受け取った33の気づきとメッセージを、あなたと共に分かち合いたいと思います。

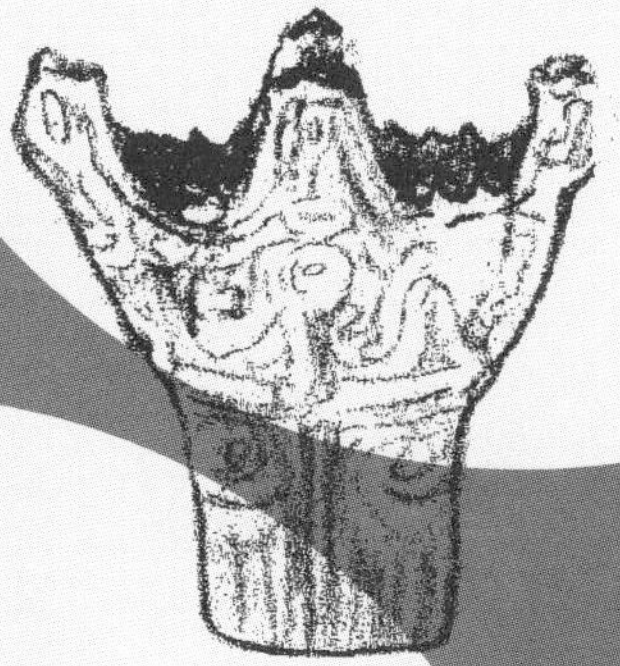

第1章 縄文人は「海の民」

1

我は海の子、しらなみの――日本列島に住み着いた人々

今から約500万年前、アフリカで誕生したという人類。そこからさまざまに進化しつつも、現生人類がアフリカから旅立ったのは、今から10万年前（諸説あります）とされています。

おりしもその頃はまだ、氷河期の最後ですから、とても寒かったことでしょう。

そんな中、人類は長い年月をかけて旅を続け、今から約3万8000年前か4万年前には、日本列島に辿《たど》り着いた、とされています。

ではここから、イメージを広げて、その当時の人の暮らしを考えてみることにしましょう。

人が生きるのに必要なものって何？　というと、空気と水と食べ物、ということになりますね。

空気はともかくとして、水と食料は生きるに必須なものです。

とりわけ、飲める水の確保は、生命維持にかかすことのできない、最も必要不可欠なものだったでしょう。

では、その水（真水）はどうやって確保したらよいのでしょう?

答えは天から降ってくる水――雨水です。もちろん綺麗な川の水があるとよいのですが、大陸の川はゆったりとした流れなので、あまり綺麗とはいえないのです。飲み水でなければ大丈夫でしょうが、飲み水はおそらく「雨水」をメインとしたのではないかと思われます。

こうして水を確保しながら移動し、人類はメソポタミアの地まで辿り着きました。けれどもこの場所は乾燥地帯でもあるため、生えている植物はオリーブやナツメヤシなどの乾燥に強い食べ物です。

もしかしたら、オリーブオイルを水代わりに飲むこともあったかもしれませんね。

次に人類は、西の方向へと渡り、ヨーロッパ方面へと行った者と（最新の研究では寒すぎて、4万年前までは行けなかったという説もあります）、東や北へと旅立った者に分かれました。

北へと旅立った者たちは、おそらくは大型哺乳類を追いかけ、海岸沿いから渡った者は、うっそうとした森のジャングルを見つけたことでしょう。

そこでは食べ物はあるけれども、猛獣もいるので、怖い思いをしたでしょうね。

そして、水はやはり雨水がメインではなかったかと思われます。

また、北を移動した者たちは、雪を水代わりにしていたのかもしれませんね。いずれも、とても勇気のある人であったことは間違いありません。

ただ、調べていて感じたことは、メインルートは険しい山と寒さのある北上ルートではなく、海岸に沿って海を航海していくルートではないかなと思っています。

そんな彼らが使った移動手段は、丸木舟や葦《あし》船。数万年かけて、人類は航海の技術を

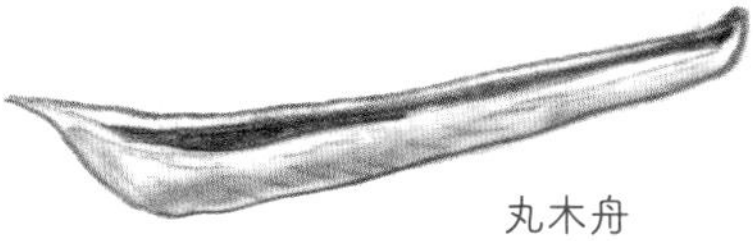

丸木舟

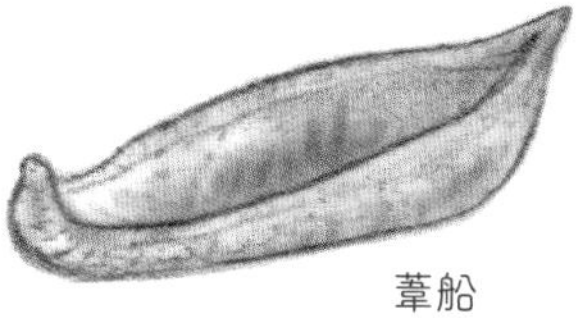

葦船

身につけ、凍える必要のない場所で、よりよき所を探しながら、移動していたのだと思います。

そして、古代の人々は、自然と尊く輝くもの――太陽に向かって、進んでいったのではないでしょうか？


闇を破り、水平線の向こうから浮かび上がる太陽の光、その光に照らされて、海面に現れる光の道、この道に導かれるように、人は東へ、東へと移動をしたのではないかと感じるのです。

古代の人々にとって、太陽や星々の光は、心を鼓舞する希望の象徴であり、道を照らすものとして、大きな意味を持っていたものと思われます。

やがて人類の一部はスンダランドと呼ばれる、今は水没してしまった東南アジアの沖積《ちゅうせき》平野に辿り着き、潮の速い流れをも乗り越えな

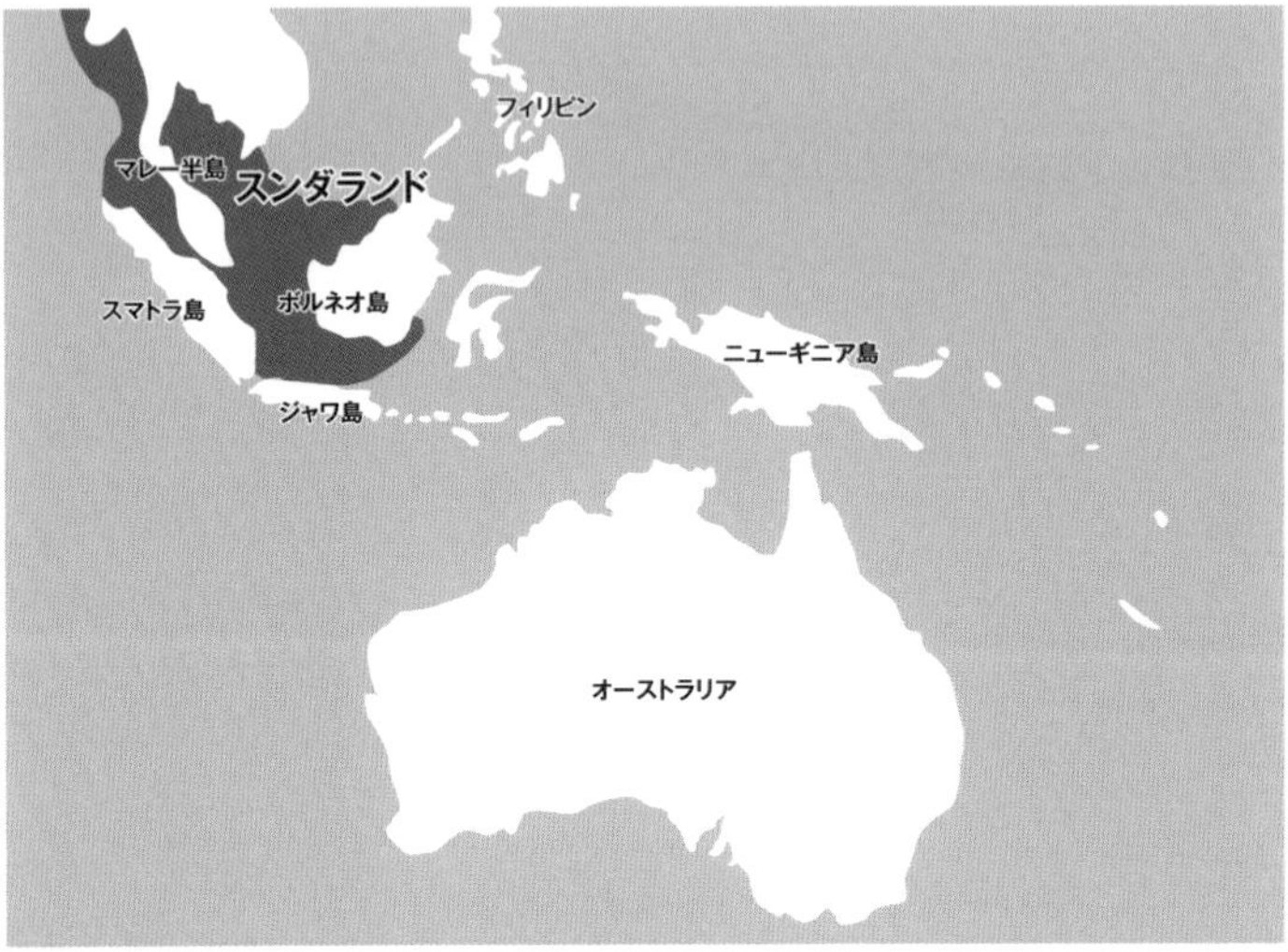

がら、とうとう、緑豊かな太陽の昇る島まで辿り着きます。

そこは氷河期であっても、暖流が流れ込んだり、火山国であることから、比較的温かな**森の楽園**だったのです。

しかも、湧き水という生の水が飲めて、腐ることのない理想の真水です！

その水を手にすくい、飲んだ人の歓びは、いかほどだったことでしょう？

何十世代もかけて、長き時を経て、勇気と知恵ある者が辿り着いた地――それが、日本列島でした。**そこは太陽が生まれる場所―日のもと（元・本）**。

もっともその頃は「日本」という意識はないでしょうから、日本列島に住み着いた人々――日本列島人といったほうがいいのかしらね。

その人々が、旧石器時代を経て、縄文時代を生きた縄文人として土着の民となっていきます。

ＤＮＡ的には、私たち日本人には縄文人の遺伝子が10～20パーセントは入っているようですので、そう考えると、実に大したものだと感動します。

思わず、自分自身の内奥に「よく頑張ったね。素晴らしい！」と、声をかけたくなりました。

いやはや、長き旅、お疲れさまでした。

たくさんの物語を紡《つむ》ぎながら、とうとうわれというういのちまで引き継いでくれた、私の血の奥にいるご先祖様たち、心を込めてありがとうを伝えたいと思います。

縄文人からのメッセージ

あなたは、長き遠き旅を経て、
この地へと辿り着いた、尊き民の子孫である。
勇気と知恵を持つ、たくましき民の末裔《まつえい》よ。
どうか、誇り高くあらんことを。

2 驚くほど長く続いた縄文時代――2000年の歴史の6倍以上！

縄文時代と一口にいっても、気の遠くなるほど長い年月を経ても、まだ「縄文」が続くといってもよいほど、長く続いた時代です。

その長さは、現代の私たちが中国や日本の史料で知る約2000年間の歴史の約6倍以上あります。

歴史軸で考えてみると、はぁ～っ？　となるほど、ずーっと同じ時代……。

しかも次の時代区分である弥生へと一気に変わったわけではなく、1000年以上にわたる長い年月をかけながら、徐々に弥生化していった、と考えられています。

とりわけ、北海道と沖縄は縄文の面影を色濃く残す、続縄文時代（北海道）と貝塚時代（琉球）へと突入し、稲作を主とする弥生時代へとなることはありませんでした。

そんな縄文時代を生きた人々の暮らしの場であった集落（今は遺跡）は、長期にわた

青森県の三内丸山遺跡

石川県の真脇遺跡

るものも多く、1000年以上、集落が継続した長期定住集落遺跡（青森の三内丸山《さんないまるやま》遺跡など）も数多くあり、中にはなんと、4000年続いた集落（石川県の真脇《まわき》遺跡）や、6000年（北海道の垣《かき》ノ島遺跡）といったものまで見つかっています。

ろ、ろ……6000年って、聴くだけで眼が回りそうな長さですよね。

おじいちゃんのおじいちゃんの、そのまたおじいちゃんの、おじいちゃんも、ずっとずーっと同じ場所で暮らしていたんです。

先祖から代々続く土地を、世代を超えても同じ風景を見ながら、丁寧に、大事にして暮らしてきたんだろうな、ということが考えられます。

おそらくそこでは、見えない磁場というのでしょうか、歴史が刻む物語——特に先祖から受け継がれてきた生活や文化、風習、そして想い（想念）などが、独特の気を放って、空間を包んでいたんじゃないかなと思います。

その中で、いずれ自分も「先祖」になって、子孫を護っていきたいなとか、集落が心地よく栄えていくことを願いながら、先人たちの生き方、在り方を見本に、次世代へと繋げていったのではないでしょうか。

しかしながら、この長きにわたる縄文時代。決して順風満帆なだけではなかったようです。というのは、この国は火山国であること。また気候変動や海面上昇などにより、多くの艱難《かんなん》を越えなくてはならなかったからです。

縄文時代を区分けすると、1万6500年（日本最古の土器が発見された時期に基づく）前から1万1500年前頃を縄文草創期といい、この時期も3段階に分けて捉えられます。

災害でいうと、1万5000年前の十和田湖の大噴火があったり、1万3000年前から1万1500年前には、再び寒冷化が進んだ、ヤンガードリアス期もあります。

次の早期は1万1500年前から7000年前。この時期にも、鹿児島沖にある海底火山――鬼界トラフの大噴火があり、西日本に住む縄文の人々は大打撃を受けました。

火山灰は、遠く東北までも飛んできたというのですから、その規模の大きさがうかがわれます。

縄文時代

草創期	1万6500 〜 1万1500年前	旧石器から縄文への移行期間。最終氷期が終わりを迎える時期。 土器や石鏃の使用、定住化が進み、ムラが出現する。
早期	1万1500 〜 7000年前	気候が急激に温かくなり、縄文文化の基礎が創られた時期。 貝塚や集落遺跡が増加する。
前期	7000 〜 5500年前	気候がさらに上昇し、海面上昇（縄文海進）がピークとなった時期。 現在より海水面が2〜4メートル上昇。 環状集落や漆塗り技術の発展。
中期	5500 〜 4400年前	縄文時代の全盛期。 大規模集落の形成や、祭祀関連遺物の増加と多様化が進む。
後期	4400 〜 3200年前	気候変動（寒冷化）により、集落の分散化が進んだ時期。 環状列石の増加や墓地が集落から独立する。
晩期	3200〜 2300年前	北部九州に稲作が伝来し、縄文から弥生へと移行し始める時期。 西日本での遺跡が増え、一部で畑作も始まる。
※このあと弥生時代へ		

次は前期で７０００年前から５５００年前。この時期に縄文海進と呼ばれる海面上昇がかなり進み、今より2~4メートルほど海面が高かったといわれています。

そして中期の５５００年前から４４００年前頃が、最も縄文文化が花開いた時代で、私たちがよく見る縄文時代の土器は、この時代のものが多いです。

その後、後期（４４００~３２００年前）、晩期（３２００~２３００年前）を経て、徐々に弥生時代へと突入していくことになります。

彼らの暮らしについては、これから詳しく見ていきたいのですが、**狩猟漁撈《ぎょろう》採集生活を営みながら、戦のあとがほとんど見られない平和な時代を、この長きにわたり続けていたという事実そのものが、世界史上、類を見ない奇跡である**ことを忘れてはなりません。

しかも、彼らも眺めたであろう同じ山々を見ながら、今を生きているのです。

さまざまな艱難を乗り越えながらも、逞《たくま》しく、そして平和的に生きた彼らの想いに心を寄せたいと思います。

縄文人からのメッセージ

辛いこともあった。大変なこともあった。
それでもわしらは生きた。生き抜いた。
子を守り、母を守り、大地を守り、未来へと繋いだ。
ただ、生きる。生き切る。
いのちを繋ぐ。
それがわしらの道だった。

3 繋いできたいのちの歴史——旧石器時代を経ての縄文

今から3万8000年前には、すでに日本列島に人が住みついていたことがわかっています。

時はまだ、旧石器時代のこと。縄文時代が始まる2万年以上前のことです。

縄文の学びを始めると、平気で数千年や数万年という単位がでてくるので、だんだんと気にならなくなるのですが、紀元後の文明を考えると、まだ2000年なんですよね。

そう考えると、実に遥か昔のことだったんだなぁと思います。

そんな時代に、私たちのご先祖様は、本土から伊豆諸島の神津島《こうづしま》まで、黒曜石を運び出す往復航海したことがわかっています。これは世界最古の往復航海の記録でもあります。

丸木舟と人力しかない時代に、外洋を航海して島々を渡る技術力を持っていたことが驚きで、このことは、「黒曜石海上シャトル」として、国際的な注目を集めているのだそう。

いやぁ、ご先祖様たち、やるなぁ！　と思わず拍手したくなるのですが、よく考えると、**遥かなる旅路を経て島国、日本へと辿り着いた屈強な民たちが、日本列島人（！）となっていった**のでしょうから、出来ても然り、なのかもしれませんね。

それにしても凄《すご》いことです。

他にも旧石器時代の遺跡は、日本国内に1万カ所以上見つかっており、これは世界的にみても圧倒的に多いのだとか。

しかもその時代につくられた石の斧《おの》（局部磨製石斧《ませいせきふ》）は、打製石器ではなく、刃先がちゃんと研磨されている「磨製石器」なんですね。

……となると、私たちが学校で習っていた「旧石器時代は打製石器で、1万年前に始まった新石器時代は磨製石器」という記述が、いきなり成り立たなくなってしまうというへんてこりんさ。

縄文の学びをしていると、このような「……ん？」とか「あれっ？」というモヤモヤが、山ほど出てくるところが、またロマンを掻《か》き立てられて、面白くなっちゃうんですよね。

旧石器時代の人々は、この他にも**細石刃**《さいせきじん》という、今でもよく切れそうな、鋭利な石器を作っていて、槍先やナイフの先、そしてノコギリのような用途としても使っていたようです。しかも、驚くことに、この刃は「付け替え式」で、切れ味が悪くなったら、その部分だけ替え刃をするとよいという優れもの。

世界の文房具の歴史を塗り替えたといっても過言ではないカッターナイフは、1956年、オルファの創業者である岡田良男氏が発明したものですが、**「替え刃」の歴史の原点が、なんと旧石器時代まで遡**《さかのぼ》**る**ことを考えると、感慨深いものがあります。

もしかしたら、大地や血の中にある記憶の古層が、岡田氏の発明を後押ししていたのかもしれません。私たちのご先祖様は、そんな遥か昔から、「**改善**」（KAIZEN）は、かなり世界に広がっています）や「**技術革新**」を図っていた人々だったのですね。

旧石器時代を生きた人々は、獲物を追いかけたり、魚を捕ったり、木の実を採集したりしながら、遊動生活を送っていました。

今よりずっと寒い時代（最終氷期）だったので、生活は過酷だったことでしょう。飢えと寒さに凍えて、苦しい思いをしたことも数知れずあったことでしょう。

けれども、ちゃんと生きながらえてくれた。

支え合い、助け合い、子どもを産み育てながら、いのちがけで生命を守り、繋いでいってくれた先人たちの歴史があったからこそ、縄文という時代が花開いていったことを、忘れないでいたいなぁと思います。

縄文人からのメッセージ

縄文を生きた我らは、先祖のいのちからの贈り物。
いのちは連綿と受け継がれ、未来へと続く。
物語は外にはない。内にあるのだ。
我らはあなたの中にいて、あなたを護《まも》る。
先祖がそうしたように。
我らは、あなたをいとおしむ。

4

「縄文」を考える、ということ――古代を知って未来を想う

縄文と聞けば、次に出てくる言葉は「**縄文土器**」ですね。

あの独特のフォルムを見るだけで、心が騒《ざわ》めき立ち、何とも言えぬ高揚感に包まれます。遥か昔、粘土質の土を捏《こ》ね、水と火、そして手を使って出来上がった過去の遺物が、今の私たちへの置き土産のように残されていることを思うと、うれしくなるのです。


さて、「縄文土器」という呼称は、明治十二年（1879）にエドワード・S・モースが、東京都の南部にある大森貝塚から、土器の中に縄を用いて紋様を施したものがあるのを発見し、その名を「Cord marked pottery」（縄で紋様をつけられた土器）と呼んだことに由来します。

といっても縄目の紋様だけではなく、縄目がついていないものや、縄目以外の紋様も含めての名称となったのです。

大森貝塚から出土した縄文土器

深鉢土器

吊手土器

注口土器

台付土器

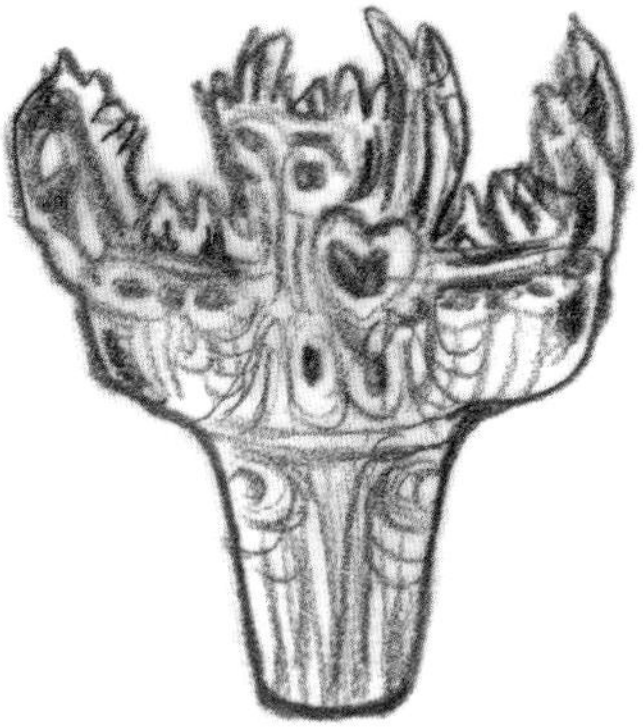

もう少し細かく言うと、「Cord marked」の最初の訳は、「索紋」、次に「縄紋」、そして戦後になってから「縄文」となり、それらの土器を使っていた時代が「縄文時代」と呼ばれるようになったのですね。

私が個人的に興味深く感じたのは、戦前は皇国史観（万世一系の天皇を中心とする歴史観）が主だったため、神武天皇の即位（ＢＣ６６０）前までは、天照《あまてらす》大御神《おおみかみ》を中心とする「神代《かみよ》」の時代とされていた、ということです。

ちなみに初代・神武天皇の即位後（今の時代区分では弥生時代に相当しますね）から奈良時代の前までは「大和時代」、その後は、奈良・平安……と私たちが知っている歴史とほぼ同じになります。

それが、終戦を迎え、皇国史観が終焉を迎えたことで、神武朝以前にある歴史――縄文や旧石器といった時代についての調査も、本格的に進めることが出来るようになったのです。

実は今でも、「歴史」の主流は「歴史学」という、さまざまな文献をもとに、いつ・どこで・何が起きたのかを考察する学問であり、文献が存在しない時代は、「歴史学」ではなく「考古学」の分野というわけです。

学生時代は、古墳時代までの歴史は、テストで覚えることがあまりなくラッキーだよなぁ、としか思っていなかったのですが、今、考えれば、そもそも学問分野が違っていた、ということだったんだということに気づき、なるほどと合点《がてん》がいきました。


もちろん、「考古学」は「歴史学」という大きなくくりの中の一つとして考えることもできますが、研究対象が異なっているということを知った上で、長きにわたる日本の歴史軸を俯瞰《ふかん》してみると、新たなる気づきが生まれると思います。

私自身は、ただの縄文好き一般人に過ぎませんが、それでも長年好きで、さまざまな資料や文献を読みあさったり、現地でフィールドワークをしていく中で感じることがあります。

それは、どこで、何が見つかったかとか、どんな形状でどの分類に属するかなどを、科学的に研究することも大切ではあるものの、そもそも、古代人たちが、なぜその形を選んだのか、その形の奥にある精神性に思いをはせたり、それを創ったり、残したりする必要性などを、人間としての温もりのある視点を入れながら、さらに洞察していってもいいんじゃないかなと思うのです。

どうも今の考古学や歴史学は、科学的エビデンスという唯物的な価値観に寄りすぎているようにも見えます。

それでは物事の本質の半分しか知ることが出来ないので、もったいないなぁと思います。物と心は表裏一体の両輪のような関係であり、同じように、表象を支えているのは潜象の世界なのですから。

１万年以上続く平和な時代を享受したという「エビデンス」を持つ縄文時代は、人類

の歴史にとっての「奇跡」の時代であります。

世界史的には、265年続いた大規模な戦乱のない治世——江戸時代もアンビリーバブル！　だといわれているのですが、その比のみならず、紀元後の歴史を幾重にも重ねた時間を、戦争を必要としない状態で過ごしていたという事実を、どのように捉えたらよいのでしょうか？

私はそのことを思うたびに、人間そのものが持つ可能性と広がりを感じ、少し泣きそうな気持になります。

なぜならそれは夢物語ではなく、かつて体験した先祖の物語であり、血の中の記憶として、細胞の深いところに刻まれていることを感じるからです。

学べば学ぶほど、わからないことが増えてくる縄文時代。未知を既知にする喜びと、さらなる未知に出会う喜び。研究者だけにまかせるのはもったいない（笑）。

謙虚さと好奇心を携えて、古代と未来を繋ぐ鍵を共にひも解きながら、嬉しい世界を共創していきましょう。

縄文人からのメッセージ

私は私。
ほかの誰でも何者でもなく、私である。
私は考える。
歩く。遊ぶ。食べる。愛する。
私は、生きる。
この瞬間を、生きる。

5 日本人はムーの末裔!?――圧巻のフロンティアスピリット

失われた大陸、ムー。……いきなりここから始まると、あれっ、何の本だったっけ？となるかもしれませんが、近年の研究では、前述のスンダランド（最終氷期の頃、東南アジアにあった陸礁《りくしょう》）が、実はムー大陸ではなかったか、という説が浮上してきています。

実際、スンダランドは、1万2000年前頃から始まる海面上昇によって海底に沈んでしまい、残った陸地が、現在のスマトラ島やボルネオ島であるといわれています。

母方の遺伝子を追う、ミトコンドリアDNAと考古学的な証拠から見た人類の拡散経路では、アフリカから旅立った人類は、オリエントで南と北に分散した後は、次に皆、スンダランドを経由して、また南北へと分岐したことがわかってきました。

ということは、日本列島に住み着いた人々のルーツは、スンダランドにあり!?　そう思うと、ワクワクしますね。いえ、せっかくなので、今の呼び方ではなく、当時呼ばれていたかもしれない大陸名のムー、あるいはレムリアからきたレムリア人、ムー人（ムー民と呼びたい……笑）の遺伝子も刻まれていることになります。

なんだかとても気になってしまった私は、さっそく遺伝子検査をしてみました。するとわかったのが、やはりスンダランドをルーツとする遺伝子で、その後は、果敢にも太平洋を渡っていったグループに属することがわかりました。

おそらく、私はポリネシアや南太平洋の島々に渡っていったグループではないかと思います。なぜなら昔から、そのあたりの文化や歴史が好きで仕方なくて、ココナッツの実やヤシの木を見るとホッとするのは何故だろう、と不思議に思っていたからです。映画でいえば、ディズニーの「モアナと伝説の海」のような風景ですが、この言葉を超えた強烈な感覚は、ご先祖様の置き土産だったのだと思うと、胸が高鳴りました。

さて、スンダランドを経由して、赤道を超え、南太平洋に出ていったグループは、見渡す限りの大海原の中で、島々を見つけ、やがて南米にまで到達するようになります。
古代人は、どうやって島を見つけることができたのでしょう？　島を最初に発見した人々は、いかにして、その場所に島があることを知ることが出来たのでしょうか？

マユグロアホウドリ

ヒントは、旧約聖書の中にありました。大洪水の後、箱舟の上からノアが放ったハトが、オリーブの葉をくわえて戻ってくる、という箇所です。
もっとも大海原にはハトはいないので、いるとしたら海鳥の渡り鳥です。
渡り鳥が飛ぶ方向へとカヌーを漕いでいくと、いずれ陸地のある場所へと辿り着くことを、古代人たちは知っていたのでしょう。

調べていくと、南洋での航海で使っていた鳥は「マユグロアホウドリ」という鳥を使っていたのではないか、ということがわかってきました。目頭がシュッとしていて、グライダーのように飛ぶカッコいい鳥です。

彼らは、休むことなく、一気に５０００から１万５０００キロも飛行出来る鳥なのですが、人をあまり恐れず、かつテケテケ走って飛ぶまでの距離が長いため、簡単に捕獲できることから、少し不名誉な名前が付けられてしまっています。

ですので、ご先祖様たちは、そんなアホウドリを捕まえては放ち、飛ぶ方向をみながら、船を漕ぎ進めていったのかもしれませんね。

そんなマユグロアホウドリさんのお姿が、とても魅力的だったので、生態を調べていくと、さらに心ときめく事実に出逢いました。

それは、つがいになったオスメスは、生涯同じ相手で、二羽で力を合わせて卵を育て、子育てに励むのだそうです。

そして子育てが終わると、ペアは別々の方向へと飛んでいき、再び子作りの島で再会し、仲睦まじい時を過ごしてはまた別れる。これを繰り返すとのこと。

しかも、彼らの飛行距離が長いことから、それぞれのペアが、東回りと西回りになって、地球をぐるりと一周しながら再会することもあるのだとか。なんというロマン！すっかりマユグロアホウドリのファンになってしまいましたよ。

それにしても、私たちの遠きご先祖様となった、先人たちのフロンティアスピリットは圧巻です。

潮を読む力に星を読む力、自然を観察し活かす力、体力、精神力、技術力……もう、天晴《あっぱ》れという以外に言葉が見つからないほどです。

たくさんの犠牲も払い、たくさんの涙も流れたことでしょう。

喉の渇きや飢えに、苦しんだこともあったでしょう。

けれども諦めることをしなかったご先祖様たち。

日本列島においても、海の民である縄文人は、おそらく甕《かめ》となる「土器」に水をため、食料も用意して、海を渡り島伝いに交易をしたり、遠き島々へも勇猛果敢にチャレンジしながら、自然と共にあるいのちを生きてきたのではないかと推察されます。

時代は違えど、同じ星に住む、いのちの仲間がつないでいった絆《きずな》。

今観ている空の青さを、山の稜線を、水平線を、かつての人々も眺めていたのだと思うと、感慨深い気持ちになります。

ハートの奥では、先人たちと今の私たちが、想いを通して地続きで、繋がっているのでしょうね。

縄文人からのメッセージ

困ったときこそ、チャンス到来。
それは、新しい扉が開くとき。
なんとかなるし、なんとかする。
なんとかなるから、あわてるな。

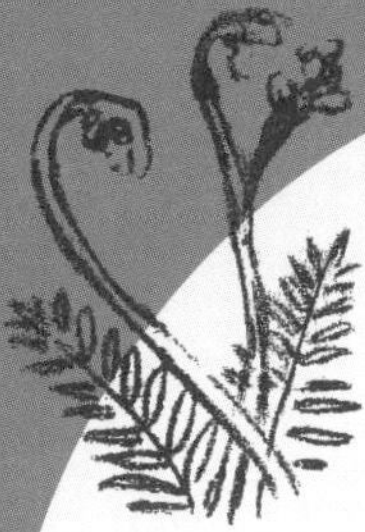

縄文人の暮らしと一生

第2章

6 現代の日本人が大切にしていること——精神の古層とは？

国土交通省が5年に一度行っている、国土交通白書というものがあります。

その中の一つである「国民意識調査」では、日本人が持つ伝統的な感性——つまり、「暮らしの中で、何を美しいと感じるか？」という美意識の調査を、2019年に行った調査記録があります。

代表的なものから順に五つほど挙げると、

1　他者を尊重し、思いやりの気持ちを持つ。
2　伝統的な文化や風習を尊重し、次世代に引き継いでいく。
3　家族やコミュニティの絆を大切にし、調和と協調を重視する。
4　自然を畏怖《いふ》する一方で、自然と共生し、自然を愛《め》でる。
5　海外の新しく先進的な文化や技術に関心を持ち、それを取り入れていく。

といったことを大切にしたいと、現代人である私たちが思っていることがわかります。

私はこの調査結果をみていて、思わず声をあげてしまいました。というのは、縄文から1万5000年経った今でも、**私たちの美意識の根底には、縄文の時から変わらない精神性が宿っていること**に気づいたからです。

現代においても、最も大切で美しいと感じているのは、人に対する思いやりの心です。その心は、遥か昔からずっと変わることなく、今の私たちへと脈々と受け継がれているのですね。

縄文時代の思いやりの心を示すものとして、北海道の入江貝塚から見つかった、20歳ぐらいの骨があります。おそらくは小児麻痺となり歩行ができないまま、生涯介護を受けていたであろうことがわかっています。

また、犬も丁寧に埋葬されていたり、歯のないお年寄りの骨（歯がなくても食べられるものを提供されていた）が見つかったりと、本当に皆で助け合いながら、心を寄せ合って暮らしていたんだなぁと思うと、それだけで胸がいっぱいになります。

2番目の伝統的な文化や風習の継承は、ひとところに数千年単位で住むこともある縄文の人々が、**先祖とその教えを大切に引き継ぎながら、子々孫々へと、その知恵を継承し、祖先を祀《まつ》っていた**ことを思うと、今もスピリットは失われていないと思います。

また、3番目の家族やコミュニティの絆、調和と協調では、まさしく**「和」の国**ならではの、大事な要素として、とりわけ日本人らしい在《あ》り方ともいえるでしょう。

とはいえ、家族や共同体の結束はどんどん弱くなり、個人主義へと移行しつつはありますが、いざ何かあった時は、皆で協力し合ったり、普段より、出来るだけ戦いを避け、調和と協調の道を図ろうとするのは、まさしく精神の古層にたっぷりと、**縄文の遺伝子が息づいている**からではないかと思います。

4番目の自然との向き合い方についても同様です。

最後の海外の文化や技術への関心と取り込みについては、交易ネットワークなどを通して得たであろう「いいもの」や「いいこと」を受け入れながら、**創意工夫をして楽しげにものづくりや面白いと思ったことに熱中していた**であろう、縄文人の暮らしが思い浮かびます。

日本語の**KAIZEN（改善）**が世界中に広がったのも、好奇心旺盛で目新しいもの好き、かつそこからさらによりよきものを創っていこうとする姿勢が認められたから。実に日本人らしい気質だなあと思います。

どれほどの時代を経ようとも、**私たちの心の奥深くに根付いている「縄文のスピリット」**は、色褪《あ》せることなく、私たちを構成する精神の古層として、私たちを包み、護り、エネルギーを与えてくれているのだと感じます。

空と大地と海と川、自然の懐にいだかれて、素朴に素直に、懸命に生きた優しい人々を遠き先祖として持てることの喜び……たとえ、自身の血筋が、その後の弥生や古墳人であったとしても、**同じ大地の上で暮らし、たくさんの愛と思いやりの中で、命のバトンを受け渡しながら、今の私へと繋いでくれた**ことに変わりはありません。

嬉しいなあ、有難いなぁ……。手のひらを胸に当てながら、自身の血の奥に眠る、遥かなる歴史と心意気に、そうっと感謝の思いを伝えたいと思います。

縄文人からのメッセージ

いつも繋がっている。いつも護《まも》っている。
私の中に、あなたが見える。
あなたの中に、私が見える

7 あえて、進化しないという選択――発展することが進化なのか？

縄文時代について、知れば知るほど、今の私たちにとって、ハッとさせられる考え方や概念に出逢うことがあります。

たとえば父が誰だかわからずとも、皆で子を育てるとか、抜歯の習慣があるとか（とっても痛そう）、実用的でなさそうな装飾が付いた土器にも、ちゃんと煮炊きの跡が残っているとか……、自分たちが無意識に持っていた常識をいとも簡単に打ち砕いてしまうこの「文明」が、とても魅力的に映ります。

さて、ここであえて「文明」という表現を使いましたが、縄文時代に、そもそも「文明」という言葉を当てはめるのはいかがなものか？　とおしかりを受けそうですが、暮らしに便利な道具を世界初で次々と発明し、海を自在に渡り、交易をしながら、自然の恵みを享受し、助け合いながら暮らしていた彼らは、同時代の、どの地域より先駆けて、先進的な社会形態を形成していたことは確かなのです。

文明（Civilization）とはどんなことかというと、知的・文化的・物質的に発達した社会の状態のことを指します。とりわけ、文明と呼ぶ切り札になるのは、文字の有無で、縄文時代は文字がなく、かつ原始的な社会であったため、そもそも「文明」に値しない、というのが一般的な見方となっています。

……うーん、なんだかしっくりきませんねえ。

というのは、この定義自体が、一つのスケールにしかすぎず、唯物的な観点での捉え方だと感じてしまうからです。

もっというと、社会は文化的で物質的にも発達しているのが当たり前で、それが是であるということ。この大前提に基づく「文明」の定義づけです。

自然と対峙《たいじ》し、自然を打ち負かすことで発展してきたものが文明。
自然に生かされ、自然の恵みを享受し、継承していったものは未開文明。

ということになりますが、もともとのスケールが違うものを、同じ軸で捉えようとすること自体が陳腐《ちんぷ》に思えますし、優劣で測るのも少し傲慢《ごうまん》ではないかなぁと思うのです。文字に関して言えば、確かに、縄文時代に文字はなかったとされます（神代文字があったといわれることもあります）。

けれどもよく考えてみると、そもそも文字を必要としたかどうかも疑問です。つまり、文字として残すという選択をしなかったとも考えられないでしょうか？

たとえば、かつては世界中にいた「未開」の部族のように、本当に大切なことは、一字一句漏らさぬよう、口伝《くでん》で伝えられ、親から子、孫、ひ孫へと、暗唱によって、代々語り継がれていくという方法です。

記録媒体は脳内ですが、話し方や息遣いまでそっくりに、先祖や神々の物語、あるいは暮らしの叡智《えいち》や伝統が引き渡されていく、――そんな**口伝の手法を重要視していた**ために、文字を持たない選択をしたのかもしれませんし、もっというと、テレパシーで伝授していたのかもしれません。

今の常識とされるものの見方や考え方では、計り知れないことがあるという謙虚さを持つ必要があると思います。

あえて進化、発展を求めないあり方の中で、大切なものを、継承していく心意気。進化があるとしたら精神性の高さに進化を求める生き方。そんな軸を持って、豊かさを享受する「文明」の捉え方もあっていいいんじゃないかなぁと思っています。

縄文人からのメッセージ

大切なものが、ここにある。
守りたいものが、ここにある。
たくさんは要らない。必要なだけあれば、いい。
すべては、丁度良く、ある。
われらは、満たされる。

8

縄文を生きた人々――耕さずして定住化の知恵と工夫を図った人々

現代ではかなり、縄文時代の捉え方は変わってきていますが、一昔前までは、毛皮を着て常に飢えと闘いながら原始的な生活を送ってきた人々――それが縄文時代だった、というイメージが定着してました。

私自身も、縄文時代＝原始人ということで、かつて流行っていたアニメ「はじめ人間ギャートルズ」のイメージだったんですね。

今思うと完全な勘違いで、それは縄文よりもさらに古い、旧石器時代のことだったのです。

では、旧石器時代と縄文時代の最大の違いは何か、というと定住化になります。

人々は同じ場所に居住しながら、狩猟漁撈《ぎょろう》採集を行って、暮らしの糧《かて》を得ることとなったのです。

通常、農耕や牧畜などをすることによって、安定的な食糧確保を図ることで、定住化が進められるのですが、そうしたことをほぼ、することなく（栗を植えたりするなどの植栽などはありましたが）、**自然の恵みに頼る獲得経済のみでの定住化は、実に世界でも稀《まれ》なことだった**のです。

それだけ自然が豊かだったということがありますが、その恵みを生かすための知恵が集積されていったことも大きな要因です。

具体的には、何をどう採取し、どう食べたらよいかなど、多種多様な食料資源の開発が進んだこと。さらに、それらの知恵を活かすための具体的な道具――「土器」が発明されたことが定住化の発展に大きく寄与します。

粘土質の土に水を混ぜ、形を整えてから火にくべ、焼成《しょうせい》して出来上がる土器。この器があることで、それまでは固かったり、渋かったりして食べられなかったものが、食べられるようになったのです。しかも、美味しいのです。

こうして、それまで食べることの出来なかった、シイやトチの実、栗などを、ふんだんに食べられるようになったのです。また、魚や肉なども、自然に生えている野菜と一緒に煮炊きすることで、さらに美味しくなることを、縄文人は発見してしまったのですね。

まさしく**生きながらえるための「食餌《しょくじ》」から、調理を工夫していただく「食事」へと進化した見事なる転換点が、縄文の始まり**であったということです。

ちなみに、**「うまみ」は縄文由来です**。今でも世界の人たちから、複雑な味が絡み合う旨味の味わいは、理解しづらいといった声をよく聞きます。

けれども日本人にとっての旨味は当たり前のことで、誰もが理解できる味覚ですが、ルーツが縄文にあったとは驚きですね。しかもその鍵を握っていたのが土器だったなんて……。

土・水・火・風という四大元素を活用し、世界最古のセラミック製品を「発明」してしまった縄文人たち、すごいなぁ。

また、天然のアスファルトを利用して、槍などの石器と本体を結び付ける接着剤にしたり、強度と美しさを求めて「漆《うるし》」を塗ったりと、快適な暮らしにするための「技術革新」が図られていた時代でもあったのです。

もちろん暮らしの形態や生活スタイルにも、多くの工夫がなされているのですが、それも定住化（しかも同じ場所に、数千年単位で居住することも普通にある世界）という、世代を継承して受け継ぐことのできる、環境と状況が用意されたからこそ知恵が蓄積されていったのですね。

さあ、どんな知恵が蓄えられているのか、さらにひも解いていくことにいたしましょう。

縄文人からのメッセージ

今、出来なくてもいい。
心配するな、大丈夫。
何もなければ、作ればいい。
何でも出来る、大丈夫。
すべては出来るときに、出来る。
安心して、すすめ。

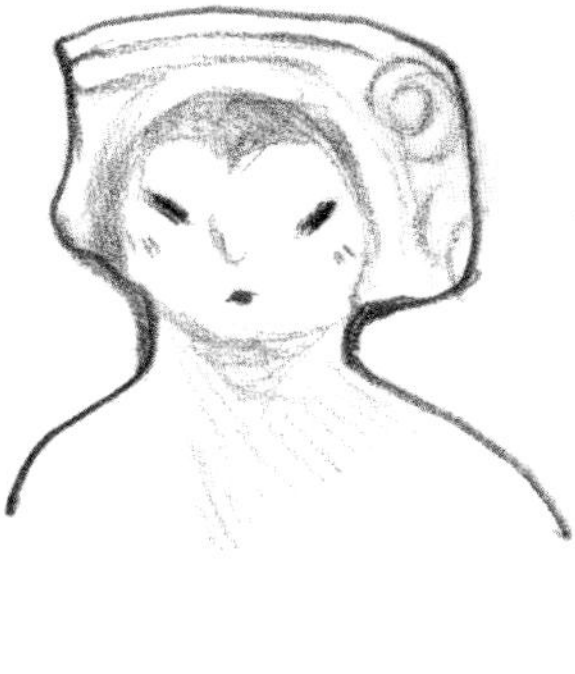

9

縄文の食生活——大いなる自然の恵みに感謝する

旧石器時代と縄文時代の最大の違いは、前述の通り、定住化しているか否かということです。

旧石器の時は、遊動生活が主だったのに対して、縄文になると、決まった場所に長く住み着く定住生活へと移行しました。しかも、食糧は相変わらずの「獲得経済」で、獲物を射止めたり、漁撈や採集をしながらの暮らしが継続したのです。

通常の文明の定義は、「定住化＝農耕や牧畜の始まり」、といった構図で捉えるので、いかに縄文が特殊だったかがわかります。

つまり、それだけ、自然の恵みが豊かであったかということでもありますし、そもそも縄文時代の人口は最大でも26万人といわれていますので、さほど多くなかったことも関係しているはずです。

ヤマイモ

貝塚

そんな縄文人が食していたものは、イノシシやシカ、ノウサギなどの陸上動物が60種、タイやイワシなどの魚類70種、シジミやハマグリといった貝類は、なんと３００種以上！

その他にも、実際は３００種以上の植物を食べていたのではないかと考えられており、木の実（クリやトチノミなど）や果実など、多種多様な食物を食べていました。

とりわけ、縄文時代から、ねばりのある山芋や里芋、海藻などを食べていたようで、私たち日本人の「粘り気のあるもの」が好きな文化は、この頃から育《はぐく》まれていたのかもしれませんね。

尚、これらの食べ物を狩猟・漁労採集のみで行っていた

秋田県の大湯環状列石（野中堂環状列石）

大湯環状列石の近くでたわわになっていたクリ

わけではなく、クリの木の植栽や、豆類やイモ類などの栽培、また後期になると陸稲も行われたりなど、補助的に栽培も行われていたようです。まさしく**元祖「自然農法」**ですね。

そんな彼らは長年蓄積された経験と技術により、燻製《くんせい》や干物などで長期保存をするなどして、賢く**計画的に食料コントロール**をしていたようです。

特筆すべきは通称「**縄文カレンダー**」と呼ぶ、どんな季節に何を採るかの目安があって、春は山菜や貝類、夏は漁撈、秋は木の実や果実、実のもの、そして冬は狩猟といったように、年間を通して、自然の恵みを享受していました。

今も私たちが「旬」の恵みを大切にするのも、縄文の頃からのライフスタイルが影響しているのかもしれませんね。

さて、多様な食材をいかに食べるかといったところで、大活躍するのが、土器です。土器が出来るまでは、生か焼くかだけだったであろう調理方法から、土器の中に入れて煮て食べる、ということが出来るようになったのです。

しかも、海のもの、山のものなどを一緒に入れて煮込むと、それは美味しかったことでしょう。

こう考えると、「旨味」の文化も縄文由来だった、と考えることが出来るかもしれませんね。


「土器」の発明は画期的で、今まで固くて食べられなかったものが食べられるようになったり、エグミのあるものもアク抜きして食べられたりなど、食生活が一気に豊かになったのです。

また、彼らは果実や植物を発酵させてお酒をたしなむなど、わりとグルメな暮らしをしていたようです。縄文人の骨をしらべてみると、虫歯が多かったこともわかっています。

もちろん、大変長い縄文時代ですので、気候変動などによる食糧難で、栄養失調になっている骨も見つかっていますので、一概には言えませんが。

ただ忘れてはならないのは、食料を得るということは、命がけの行為だった、ということです。

とりわけ、狩猟や大型の漁撈の場合の危険度は増します。

森には、熊や毒蛇など危険と隣り合わせでもありますし、そこで幸運にも獲物を見つけたとして、捕獲するまでに至るには、経験と技術、体力、勇気、仲間との連携など、さまざまな知恵が必要であったことでしょう。

あるいは、海で魚を取るのも穏やかな海とは限らないですし、大型の魚や鯨をいかにして捕獲したのでしょうか？

想像するだけで、身体がブルっと震えてしまうような厳しい世界です。

縄文人たちは、命がけで得た、命の恵みを食することで、命を繋いでいった人々でもありました。**一口の恵みをいただく時の有難さを、身に染みて感じていた**のだと思われます。

食べることは生きること、他の命が我が命へと吹き替えられて、今を生きているのだと思うと、胸がいっぱいになりますね。

話は変わりますが、森の王者――「クマ」について、面白いエピソードがあったのでご紹介したいと思います。

それは個展の時（本業は絵描きです）だったのですが、クマを描いた絵を熱心に眺めていた女性が、驚くことを語られたのです。

それは……、「私、クマに話しかけられたんです」と。

聞くと、とある森に迷い込んだ彼女は、近距離でクマと遭遇したとのこと。あまりの恐怖で硬直した彼女をみて、クマは「これ以上近づくな」と、明確にテレパシーを送ってきた、というのです。

霊媒体質でもない彼女は、たいそう驚いたそうですが、咄嗟《とっさ》に心の中で「わかりました」と答え、全力で逃げ帰ったとのこと。こうして何事もなく無事だったのですが、以来、クマが大好きになったとのことでした。

この話が衝撃的だったので、他の方々にお伝えすると、ある方は畑を荒らす鼠《ねずみ》たちに、「どうか荒らさないでください」とお願いの手紙を書いて、その隣に食べ物を置いておいたそうです。するとその翌日から、畑のものは荒らさずに、置いていた食べ物だけを食べるようになったとのこと。

他にもゴミステーションを荒らすカラスに「ここには来ないで」とお願いしたら、来なくなりましたという方もおられました。びっくりですよね。

そう考えると、縄文の人々も、自然界の仲間とテレパシーで会話していたのじゃないか、と思えてしかたなくなりました。

たとえば植物が「私を食べて」とか「私は食べられないよ」といったように。

この能力は**「直観力」という超意識と直接繋がりながら感得する意識**からもたらされるものでもあるのですが、縄文人たちは、こうした直観の達人でもあったのです。

大いなる自然の恵みに生かされて、「今」を生きる私たち。

心と身体、魂《たましい》を磨いて、朗《ほが》らかに歩んでいきたいものですね。

縄文人からのメッセージ

食べ物は、大いなる恵みからの贈りもの。
私たちも、大いなる恵みからの贈りもの。
嬉しく、尊く、ありがたきもの。

10 幅広い海洋交易ネットワーク——人もモノも信頼も

活発な火山活動や地殻変動の末に出来上がった日本列島。現在の形へと落ち着いたのは、約1万2000年前ともいわれていますから、すでに縄文時代になっていた頃なんですね。

先人たちは度重なる災害や天変地異の中、本当によくぞ生き抜いて、子孫を残してくれたものだと思います。ただ、一方では火山国であったゆえの「贈りもの」ともいえる産物もありました。

それが、**黒曜石**《こくようせき》です。

黒曜石は、マグマにより生み出された天然ガラスであり、鋭利な刃物としても使えるため、旧石器時代より狩猟用の道具として、あるいは調理器具や工具として、大活躍していました。私が小学時代に、石割りでハマった、あの石です。

黒曜石の産地は、北海道の一部や長野の霧ヶ峰周辺、伊豆諸島の離島である神津島など、全国の限られた場所で産出されるものの、産地によって成分が違うため、調べると場所の特定ができるそうです。

おそらくは古代人にとっての「ブランド物」だったのでしょう。質の良い黒曜石は、日本全国を旅しただけではなく、海を渡って遠くまで運ばれたものもあります。


たとえば、青森県にある三内丸山《さんないまるやま》遺跡では、北海道から佐渡島、長野など18カ所にも及ぶ産地の黒曜石が出土していますし、国内のみならず、海外からも日本産の黒曜石が見つかったりもするのです。

一例をあげると、佐賀の黒曜石が朝鮮半島から出土したり、隠岐島産の黒曜石に至っては、ロシアのウラジオストク周辺から見つかっています。

ちなみに隠岐島とウラジオストクの間は直線距離でも1000キロは離れていて、そこには広大な日本海が拡がっています。このような**長距離航海を丸木舟一つでこなしてしまう縄文人**って……凄すぎますね。

他にも、交易品として有名なのが翡翠《ひすい》です。翡翠玉として加工されたものは、全国の遺跡から出土されていますが、翡翠はほとんど新潟県の糸魚川《いといがわ》とその周辺でしか採取することのできない、貴重な鉱石です。

それが全国各地から見つかるということは、**縄文時代にはすでに海洋交易網である「海の道」が出来上がっていた**、ということになりますから大したものです。さすが、世界各地から海を渡り、日本列島へと辿り着いた人々の末裔だなぁと思います。

しかも翡翠に丸い穴があいて、形の加工もされているというのは、難易度の高い高度な技術を有していたということになります。とりわけ、私が面白いと思ったのは、翡翠は「食べられない」ということです。

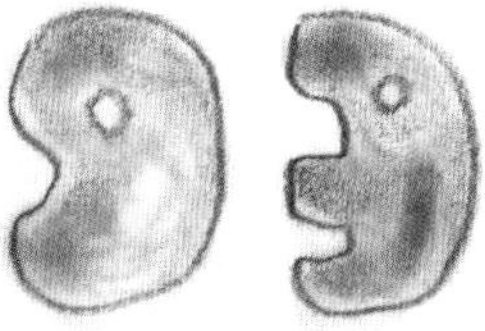

ハラの足しにはならないものを、何カ月もかけて、長い距離を経て運ぶ縄文人たち。それは、大切な人の胸元を飾るものだったのでしょうか？

あるいは、信頼や絆の証《あかし》として贈られたものだったのでしょうか？

ロマンがひろがりますが、私的な考察では、アクセサリーや貴重品としての価値はもちろんのこと、一種のお金代わりともいえる「預かり証」の役割を果たしたのではないかとも思っています。

というのは縄文時代は「物々交換」が基本といわれていますが、時期や場所によっては、渡せるものが無い時もあるでしょう。

そして、渡せるものが出来た時に、お渡しするという相互贈与のような関係性。その信頼の証として翡翠《ひすい》を渡したり、あるいは交換しあうことによって、絆を強めていたようにも感じるのです。

ここで面白いなと思ったのは、私たちが今でも大切にしている価値観――「嘘をついてはいけない」というものです。とりわけ近世――江戸の時代になっても、**嘘をつくことは、死ぬより恥ずべきこととして、教えが受け継がれていた**ようです。

そんな原点が、もしかしたら、縄文時代の交易ネットワークにあるのかもしれないと思ったわけです。

つまり「今度、○○が取れたら渡すね」「ありがとう、楽しみにしてるよ」で、OKとなるやりとり。**決して嘘をつかない、だましたりもしない。そうした安心と信頼**の中で、翡翠も使い、文字通りの「信用創造」をしていたのかもしれません。

また、興味深いのは、交易したのは「モノ」だけではなく「人」もしかり。はるか遠くから、はるばるやってきた人（たぶん男性）たちを、歓待したであろうことは容易に考えられます。

その土地でとれた美味しいものを食べてもらい（今でも、そうですよね）、焚き火を囲んで夜遅くまで、歌い、踊り、語らい合う……そんな光景がイメージ出来ます。

それは、その地域に住む女性たちにとっても、普段接することのない男性と出会う貴重な機会であったことは間違いなく、そのまま恋の花が咲いて、子作りに励む、ということもあったのではないでしょうか。

むしろそのほうが、近親婚の危険性もなく、安心だと言えますし、離れた土地に住む、屈強な男たちの遺伝子を受けた子どもが誕生するわけですから、このことも大切な「交易」だったんじゃないかと思うのです。

縄文時代の結婚や子育て事情については、改めて記しますが、当時の女性にとって、最大の仕事は「子産み」です。

すなわち「子孫を残す」ということが、何よりも重要なことだったのです。

女性は妊娠、出産、授乳といったサイクルを頻繁に繰り返さなくてはなりませんでした。死と隣り合わせにある出産は、まさしく命がけです。

そんな中、男性から愛のささやきと共に贈られた翡翠玉が（信用創造の証だけではなく）、女性たちの耳や胸元を揺らしたのだと思うと、胸が高鳴りますし、戻る船を見送りながら、再び出会う日を願い、握りしめられたこともあるんじゃないのかなぁと思うと、ちょっと切ないきもちになったりもします。

紀元前の遥か昔からあった、縄文交易ネットワーク、ご先祖様たち、カッコいいです！　子孫からのラブレター、受け取ってくれるかな（笑）。

縄文人からのメッセージ

山を越え、海を越え、
はるばる運ぶ、大事なもの。
いくつもの夜と昼を超えて、運ばれるもの。
遠く離れていても、繋がっている、今しがた。
ぬくもりいだいて、空を見上げよ。

11

縄文人の一日――お日さまと一緒に暮らす

縄文人の一日は、夜明けとともに始まります。

一口に夜明けといっても、真っ暗だった空にうっすらと色がさし、あけぼの色に染まってくる頃から、実際に朝日がのぼって、本格的に明るくなるまでには、けっこう時間差があります。

ですので、起きる時間は季節や人によって異なったとは思いますが、基本スタイルはお日さまと共に起きて、一日が始まっていきます。

このような生活スタイルを、日本人は実に長く続けていたのです。

実際に江戸時代までは、夜明けを告げる時の鐘である「明《あけ》六つ」から人々は起き、活動をし始め、日が沈む「暮《くれ》六つ」には活動をやめて、就寝へと向かっていました。

電気を自由に使えるようになり、灯りがあることが当たり前となっている現代、私たちは多くの豊かさを享受することになったのですが、その一方で、睡眠時間が削られたり、タスクに追われて長時間労働で疲弊したりなど、かえって幸福度を下げてしまう現実と直面しています。

そもそも比較するようなお話でもありませんが、私たちの御先祖様が数万年にわたり、過ごしてきたであろう暮らしのスタイルを、心のどこかに留めおきながら、現在の日々と向かい合って生きたいなぁと思います。

さて、お話を戻していきますね。彼ら——縄文人は目覚めると同時に、前日の夜に被せておいた灰を払い、火種を起こし、暗い竪穴住居の真ん中に、灯りと暖を差し入れます。

人に温もりがあるように、母なる子宮のような家——竪穴住居にも体温があります。

火を灯すという行為が、その日の始まりを告げる一種の祈りの儀式ではなかったかと考えられます。

さて、火を灯した後にする仕事は、水を汲みに行くことです。

土器を持って、近くの川に水汲みに。それを炉にかけてお湯を沸かして、飲んだり、調理をしたり、身体を拭いてさっぱりしたりなど、火と水を使って（火と水でカミとも呼びますね）、縄文人の一日が始まります。

その後は、木の実や植物、貝類などを採集したり、狩りや魚を捕りに出かけたり、あるいは何か、作りものをしながら過ごしていたようです。といっても、こうした「仕事」にかける時間は、一日2〜3時間、あるいは長くても4時間程度だったようです。ん？　残りの時間は、子育てやおしゃべり、何かをするなど、ごく普通の暮らしが連綿と営まれていたことでしょうね。

そんな縄文人の暮らしの中で、誰がどの担当をするのかというと、基本的には何でもやっていたようです。

ただ、誰にでも得手不得手があります。狩りが得意な人もいれば、魚を捕るのが得意な人もいる。編み物が得意な人もいれば、子どもをあやすのが得意な人もいる。

ということで、基本的には、自分が好きだったり、得意なことをたくさんすることで、周りを喜ばせてしまう社会だったのです。

今の時代感覚でいえば、比較や競争、嫉妬《しっと》などが生まれるのではないかと考えてしまいますが、そもそも縄文人たちは、狩猟採集民であるソロプレーヤーなので、それぞれが独立したフラットな関係性を大切にします。

こうして、それぞれの**個が立った（独立した・際立った）まま、全体として潤い、栄えていけばよいので、比べて落ち込む必要などなかった**のです。

むしろ、**それぞれの得手不得手が違うからこそ、よりよいものが生まれる。全体の凸と凹が楽し気に絡み合い、繋がり合って、さらに素晴らしいものとなる、**と考えていたのではないでしょうか。

発掘された骨からは、人同士の争いの痕跡がほとんど見つからなかったり、集落の形状や遺物などからもそれが見て取れるとのこと。

現在の言葉に置き換えるならば、**縄文スタイルの長所伸展法**があったということであり、社会的な機能からいうと、元祖ティール組織ともいえるのかもしれませんね。

では次に、一日の終わりへ時間を進めていきましょう。

太陽が西へと傾き、空が黄昏《たそがれ》色に染まる頃には、再び竪穴住居の中にある炉の周りに集まるか、あるいは広場の中で火を囲みながら、皆で食べ、飲みながら、その日あったことやさまざまなことを語り合っていたことでしょう。

やがて、辺りが静けさに覆われ、真っ暗な闇が訪れると、その日の活動は終わりです。

つまり、やることは「寝る」ことのみ。

朝ともした火に、灰をかけて消して、再び暗闇の中で眠りにつく。

彼らは、ゆっくりと冷えていく竪穴住居の中で、根源――根っこの世界（「ね」るの語源）へと繋がり、再び日の出とともに目覚めて、新しい朝が始まります。

昼には太陽が、夜には月や星々が、縄文人たちの営みをすっぽり包みながら、暮らしをみまもっていたのでしょうね。

もちろん、おだやかな日ばかりが続くわけではなく、自然災害に見舞われたり、食糧が枯渇したり、ケガや事故などで死が身近にあったりなど、心痛む日々を送ることもあったと思います。

とはいえ、数千年経った今でも、縄文遺跡に行くたびに感じる、平和的で優しい気配は、当時の人たちの想いや、素朴で素直な生き方を彷彿《ほうふつ》とさせるものです。

人として生まれ、どう生きるか。どう暮らすか？

そして、それらの時間を、どのような想いで過ごしていくのか？

縄文人たちの暮らしぶりを知ることで、現代の私たちへと、こうした本源的な問いに答える一つのヒントを、血の記憶を通して、そっと語り掛けてくれているように思います。

縄文人からのメッセージ

朝起きると、すべてが輝いている。
みんな、みんな、愛おしい。
夜は眠る。
ふところへ戻るために。
みんな、みんな、結ばれている。

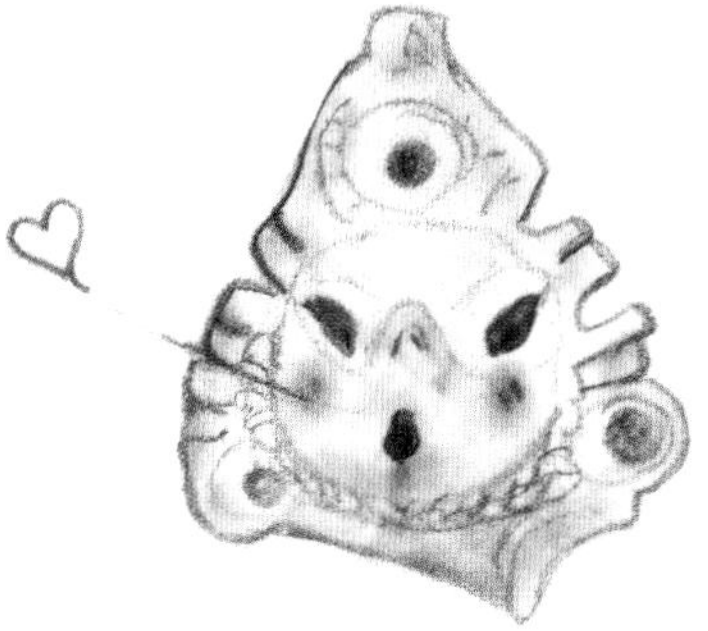

12

居心地の良いワンルーム――母なるふところは竪穴住居

縄文人が住んでいた住居は、ご存じ「**竪穴住居**」と呼ばれる、半地下の空間に柱を立て、茅葺《かやぶ》きや土葺きに草などを生やして整えた住まいです。

私の縄文遺跡に行く楽しみの一つは、そこで再現された竪穴住居の中に入ることなんですが、中は意外にも広く、入った瞬間は真っ暗なんですね。それがだんだん目が慣れてくるにつれて、空間が把握でき、古代人の技術力の高さと丹念さに、毎度ながら感嘆《かんたん》の声をあげます。

そんな竪穴住居はどうやって作られるのかというと、まず住居となる空間を決めて、数十センチほどの穴を掘るのです。掘る深さは、50~60センチぐらいが多いようですが、中には大船遺跡（北海道）のように2メートルを超えるものもあります。

これだけでも大変な作業ですよね。第一、土を掻き出さなければいけないし、そこに

長野県尖石（とがりいし）史跡公園の竪穴住居

岩手県御所野（ごしょの）遺跡の竪穴住居

石や木の根などがあれば、それも取り除かないといけないですから。

もちろん、今のような便利な道具はないので、基本は先の尖ったもので土を柔らかくしてから、長い時間をかけて半地下の空間を作っていく。出来た空間に、柱となる穴を掘り、そこに木組みを立てていく。

そもそも木材も、石斧を打ちつけて、粘り強く切り出さないといけなかったでしょうから、すべての作業が重労働でもありますよね。また、土台となる木組みが出来上がると、次に屋根の骨組みを結び、その後で茅葺きにしたり、樹皮や草木で覆って土葺きにしたりなど、実に丹念に家を作っていたことがわかります。

また、木組みを作る時に使われているのが「縄」なんです。

まず、植物の茎などの繊維を撚《よ》り、幾重にも重ねて綯《な》って丈夫な縄とする。それだけで、どれだけ時間がかかったんだろう？　と思うのですが、その縄を使って、微動だにしないがっちりとした土台を作っていくのです。

その頃にはまだ釘がなかったので、そりゃそうでしょ、と思うかもしれませんが、**「縄」の創作は、何かと何かを結ぶことで、新しい何かが生まれて始まっていくことを象徴する、偉大なる発明品**でもあったのです。

身近にあるものをよく観察し、それらの特性を最大限に生かして、新しい道具を「発明」したり、活用したりする先人たち。やっぱり凄いなぁ。

さて、出来上がった家は夏は涼しく、冬は暖かさを保ちます。

家の真ん中には炉があって、そこで温かさや食べ物、灯りが提供されます。

また、床はそのまま地べたに座るというよりも、灰を撒き、その上に食物の繊維を編んで作った敷物——ゴザを敷いて、その上で生活していたようです。

ふわっとして温かい灰の上に座る暮らし——天然の床暖房です。

余談ですが、上に敷く「ゴザ」が、のちに畳へと変化することになりました。

また、昔の日本の家のつくりは、襖を閉じると部屋となり、開けると広い空間になり

竪穴住居の内部

ます。そう、ワンルームだったんです。

畳に、炉に、ワンルーム。これって、縄文の竪穴住居の名残りが、今の文化にまで緩やかに踏襲されていたのですね。

ところで、半地下の構造を持つ、竪穴住居って、何かに似ていると思いませんか？　特に、自分がその中に入って、寝ているとイメージしてみてくださいね。

そう、それはお母さんのおなかの中です。

ソトの世界からウチの世界に戻ってきて、暗く温かな母なる胎内へと還り、英気を養う場所。それがイエの役割だったんじゃないかな、と思うのです。

こう考えるようになったのは、ある縄文遺跡で、真っ暗な竪穴住居の中に入り、じーっとしていると、なんともいえぬ懐かしさでいっぱいになり、「あ、この感覚、私の深いところは知っているはず……」と思いました。

そうしてふと、入り口を見つめると、ムシロでふさがれているドア代わりの隙間《すきま》から、光が差し込んでいます。その瞬間、理屈を超えて「わかった」のです。

ここは子宮だ。お母さんのおなかの中だ。

そしてここから、光っている場所へと進んでいったのではないかと。

さて、縄文人の寿命は約30年ほどだったといわれます。平均すると15歳程度。

なぜこんなに短いのかというと、せっかく子どもが生まれても、幼いうちに亡くなってしまうことが多いからです。

そんな幼き子どもの骨が、竪穴住居へと入る場所の下から出てくることがあります。

なぜそこに埋めたのかというと、母なる胎内の中に戻って、再びまた舞い戻ってきてねという**鎮魂と再生の祈り**を、そこに込めたのだと感じます。

こうして、**ウチは聖なる空間であると同時に、ウチとソトを繋ぐ境界線にある場所も、同様に大切にされていた**と考えられます。

今でも、**畳の縁を踏んではいけない**といわれますが、この理由は縁が傷むからとか、失礼だからといっただけではなく、**古き縄文の記憶の片鱗《へんりん》が、今にまで残っているから**かもしれません。

縄文人たちの知恵と技術の結晶である竪穴住居は、今なお遠き子孫である私たちに、多くの示唆《しさ》と気づきを与えてくれる「聖なる空間」なのです。

縄文人からのメッセージ

いろりを囲んで、輪になって、あなたを見つめる。
嬉しいな。
あかりを消して、目を閉じて、聞こえる寝息。
嬉しいな。
みんなで作った大事なおうち。
屋根の上にある空、一つ。
屋根の下にあるいのち、たくさん。

13

縄文ファッション――オシャレな縄文女子

縄文人はどんな服装をしていたのでしょう?

遺跡から発掘された布の断片や、土偶などに描かれている模様などからみて、当時は麻や楮《こうぞ》、カラムシ(苧麻《ちょま》)などの植物から繊維をとり、糸として撚《よ》ったものを編みこんで布を作り、衣服としていたようです。

布は、**アンギン**(編布)と呼ばれるゴザや簾《すだれ》を編むのと同じ方法でつくられており、なんと昭和初期まで、野良着や袋などに姿を変えて、アンギン編みが継承されていたのです。

また、**縫い針は約1万年前から出土**しており、長野の栃原岩陰《とちばらいわかげ》遺跡からは、鹿の角から作った、大小さまざまな針が発見されています。

もちろん冬はアンギンで出来た服では寒かったでしょうから、その上に、動物の毛皮などを纏《まと》っていたのでしょう。イメージとしてはマタギのようなかっこうです。
北海道からは鮭の皮でつくられた靴も出土しています。

尚、アンギンの服が出来上がるまでを試算すると、軽く1年以上はかかったであろうとのこと。けれどもそこには、植物の繊維から糸を作る時間が含まれていないので、そこを含めると、1着できるまでにかかった時間は2～3年（!!）だったであろうとのこと。

このような手間暇かかる長い工程を、一つひとつ積み上げながらかたち作っていった彼らというのは、よく考えると、**無から有を生み出す0《ゼロ》から1の達人であり、「あきらめないで続ける」ことを愉しんでいた人たち**でもあったのです。

そんな長き時間をかけて出来上がった衣服ですが、年中同じだったわけではなく、祭りなどのハレの日は、特別な衣装に変えていました。まさしく「晴れ着」です。
ハレの日に着る晴れ着と、ケの日に着る普段着……あれ？　1万年経っても、この感覚変わっていないって、どういうことかしら（笑）。

ハレの日に着る縄文服には、ベンガラを使った赤や黒の模様が施されていたりなど、今見てもなんともオシャレなのです。しかもそこに、ジャラジャラとアクセサリーをつけていたので、そりゃぁもう、華やかだったことでしょう。

普段から、粘土で作った耳飾り（ピアスタイプ）や魔除けの代わりとなるような首飾りをしていたようですが、祭りの時は特別です。

ここぞとばかりに、凝ったデザインのものを装着したでしょうし、イヤリングにネックレス、ブローチ、ブレスレット、アンクレット（現代の言葉でいってみました）、櫛《くし》やカンザシなどの髪飾りに指輪など……、今の私たちと馴染みのあるアクセサリーは、すでに縄文時代につけられていたのです。

どんな素材で作られているかというと、土製のものの他、石やガラス、貝、動物の骨や角などです。貴重

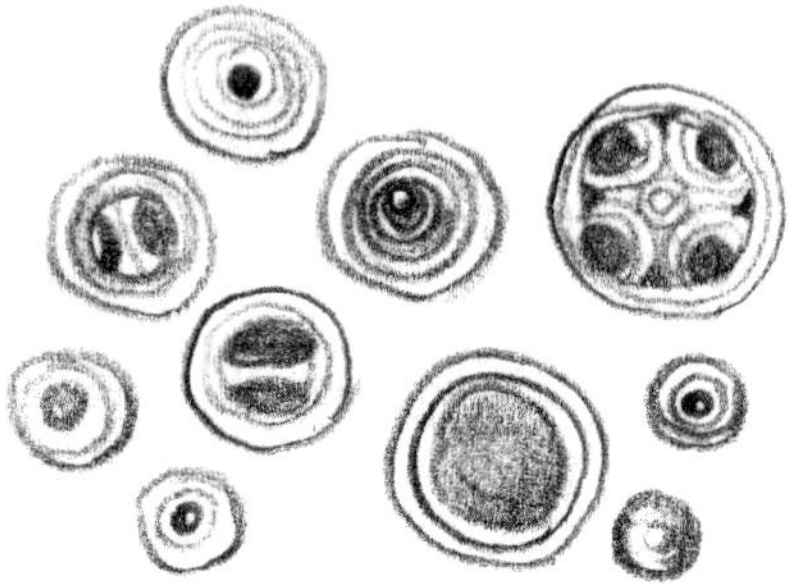

縄文時代のアクセサリー

な翡翠《ひすい》を使ったものも多々、出土しています。

ちなみに、日本においてのアクセサリーの歴史は、一般の人々が自由にアクセサリーをつけて楽しむ習慣は、ごく最近――戦後からです。まぁ、その前は、一部のお金持ちしかつけられなかったり、そもそも着物文化だったのでつけていなかった、ということもありますが。

それにしても、縄文スタイルのオシャレが、長きブランクを経て、今よみがえっていることが、面白いですね。

誰もがオシャレを楽しめる時代。好きな衣服やアクセサリーを纏《まと》うことで、自分らしさを表現することが出来る時代。女性が美しく、楽しく自己表現できる世界は、きっとその鏡映しのごとく、彩り豊かな世界が顕《あらわ》れると感じています。

もちろん、男性陣も、もっとオシャレしていいですからね。当時の縄文ボーイたちも、カンザシやネックレス、翡翠《ひすい》や琥珀《こはく》などがついたベルトをして、メンズファッションを楽しんでいたようですから。

他にも縄文スタイルのファッションは、ほぼ皆が入れ墨をしているのです。
それはオシャレだけではなく、魔除けの意味合いも込められていたといいます。友人の整体師曰く「土偶の模様が、経絡の流れと一緒なんだよね」ともいっておりましたが。
近年のタトゥブームも、アクセサリー同様、無意識の縄文回帰なのかもしれませんね。

髪を編みこんだ土偶

さてお次は、ヘアスタイルについても見てみましょう。

土偶から読み解くに、彼らは髪を編みこんで、お団子状にしてまとめ上げていたことがわかります。そしてそこには、美しく輝く赤漆で出来た櫛《くし》や、ヘアピンなどが飾られていたようです。

私は遺跡からの出土品で、特に、櫛を見ると胸がキュンとなってしまうのですね。床屋とパーマ屋さんの娘だったからかも（笑）しれませんが、櫛は古来より、奇し（霊妙）なるものであり、「聖（くしび）」なるものとして、特別な意味を持つアイテムでもありました。

今でも神社では神にささげる榊《さかき》を「たまぐし」と呼びますし、尊き神秘的な力を持つ霊魂のことを「くしみたま」といって、神聖視されています。

高天原から追放されたスサノオがプロポーズした相手も「クシイナダヒメ」で、八岐大蛇退治の時は、櫛に変えて自分の頭に挿してましたものね。

そういえば、江戸時代のプロポーズも「櫛を渡す」ということでしたから、櫛には驚くほどの長い歴史と物語が折りたたまれているのかもしれません。

縄文遺跡から、手間暇をかけて丁寧に作られたであろう櫛が、たくさん見つかるというのは、それを大切に扱っていた人々の、愛の物語が時代を超えて語り掛けられているような気がしてなりません。

どんなに時代が変わろうとも、誰かを想い、想われ、愛し、愛された人生がある。

髪を梳《す》きながら、まとめながら、どんな会話をして、どんな眼差しをして、自分や相手を見つめたのでしょうか？　そう思うと、自分が今、ここにいること自体が、もうすでに遥か昔から、命がけで繋げてくれた祈りと愛の結晶体だったのだと思い、静かに身体を抱きしめたくなる想いになります。

この愛のバトンを、次の世代へと大切に贈り届けていきたいものですね。

縄文人からのメッセージ

モノに宿るのはカミ。
カミは、モノにもヒトにも宿る。
カミは、すべてのなかに宿る。

14 勾玉は語る――連綿と続く祈りのかたち

縄文の装身具を語るうえで、なくてはならない形――勾玉《まがたま》についても考えてみたいと思います。

かつて沖縄に住んでいた時、博物館で昔の勾玉を見る機会がありました。

それはただの「モノ」を超えた、この世ならぬ気配と神気と漂わせた、圧倒的な空気感を放っていました。私は目を丸くして眺めていたのですが、なぜか不思議とその日から3日間、勾玉が出てくる夢を見たのでした。

夢の内容は覚えていないのですが、起き上がってからしばらくボーッとしてしまった、ということは覚えています。勾玉の神秘的なかたちと、そこに込められた「なにか」は、おそらく時代を超えて何らかのメッセージを送っているのかもしれません。

それにしても、勾玉のかたちは、独特ですよね。この形状は日本オリジナルといってよいもので、起源は縄文時代にまで遡ります。

彼らは勾玉を身に着けてお守りにしたり、祭祀《さいし》などで使われていたであろうといわれていますが、換言すれば、**勾玉の中に縄文人の精神性が織り込まれていたのだ、ともいえます**。

何を象《かたど》ったのかについてはさまざまな説があります。

たとえば、胎児の姿を表したものではないかとか、太陽（ふっくらとした部分）と月（細くなっていく部分）を合わせた姿なのではないかとか、あるいは魂のかたちではないのかなど、他にもいろいろと。

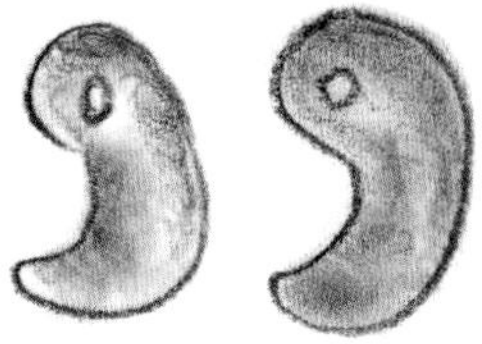

私としては一つに答えを絞る必要もないし、それぞれの説が混在してこそ古代史研究の面白さだと考えています。ただ、言霊《ことだま》の世界を長年、趣味で研究していた立場から、私としてはこの装身具の名を「マガタマ」と呼ぶことに、注視したいと思います。
言霊学の世界から考えると、**「マ」は中心や本質、核、「ガ」は力**

(パワー)、**「タ」は分かれていくもの、**という音義(音の一音一音が持つ意味)があります。

ということは、まとめると**「中心から力が湧き出て、分かれていく本質」**が「マガタマ」という名の持つ音の本源的意味合いとなるため、まさしく珍重されるにふさわしい尊い珠が「勾玉」であったということになります。

個人的には、古来より「タマ」という言葉は、「ミタマ(御霊)」や、「タマノヲ(玉の緒)」など、人間の本質を表す、重要な概念となるため、そうした人間本来の根源的姿に対しての「真なるタマ(霊・魂)」を、真(マ)の霊(タマ)=マガタマとして表現したのではないかと考えています。

つまり、**万物すべてに神が宿る**と考えていた縄文人たちにとって、その中心となる核を捉え、表現していくことは自然な成り行きであり、ある種の必然といえるべく、重要な概念であったと考えられます。

こうして、**森羅万象、自然、人、すべてに宿る神なる力に生かされて、その奇《く》しき力を畏《おそ》れ敬いながら万物自然と共に生きていく**、そんな静かなる気概と祈りを感じてしまうのです。

さて、最古の勾玉は、なんと1万年前のものが、種子島《たねがしま》の遺跡から見つかっています。その後は、1万年以上にわたり、全国各地から出土しており、朝鮮半島からも出土しています。

また、勾玉が使用された時代は、縄文から古墳時代まで続き、その後は歴史の表舞台から消え去っています。

それまで勾玉は、魔除けや祭司具、威信財《いしんざい》などの役割を果たしながら、大変珍なる大切なものとして扱われてきたのです。

そんな勾玉を自由に身に着けたり、お守りにしたり、飾ったりする習慣は、ごく最近——戦後になってからのことでもあるのですね。

三種の神器の一つでもある勾玉。このぷっくりした優しいフォルムの中には、私たちの遠き祖先である古代人たちが、大切に守り、継承してきた精神性や祈りが畳み込まれています。

胎児の姿や陰陽のマーク、そして人の本質である御霊（たましい）をも連想させる勾玉のかたち。

遠き時を経て、連綿と続いていた**古代人たちの祈りに、現代人といわれる私たちの祈りを重ね合わせながら、この先も、そうずーっとずっといつまでも、子らの幸せを願い、生きとし生けるものの幸せを願い、森羅万象すべてが調和の中で栄えていく**ことを願ってやみません。

神秘なす勾玉のかたちに思いを馳せることによって、私たちの意識は、さらなる根源へと誘われていくのかもしれません。

縄文人からのメッセージ

勾玉に、祈りを込めて、
今を生きる。
栄えよ、すべて。
いついつまでも。

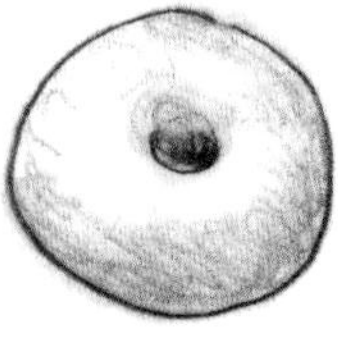

15

縄文人の一生――生きた、愛した、生き切った

では縄文人の一生についても考えてみましょう。一般的に縄文人は30歳ぐらいまで生きたと考えられていますが、もう少し長かったかもしれないという説もあります。

ただ、確実に言えるのは乳幼児の死亡率が大変高かった、ということです。無事、成人まで生きたとしても、出産やケガ、病気などで命を失う可能性は、現代とは比較にならないほど大きかったでしょうし、ましてや抵抗力のない乳幼児であれば、尚更のこと。

死が身近にあった暮らし――というのが縄文まで……いえ、俯瞰してみれば、近代まで続いていたのではないでしょうか。

生きること、死ぬこと、その狭間で、彼らは精一杯生き、愛し、愛され、語り、食べて眠りながら、その生涯を生き切った人々――それが縄文人たちであった、ということ

です。

では彼らの一生をイメージしてみることにします。

まずは「誕生」から。生命が誕生するということは、まさしく命がけの大仕事。縄文レディたちは、子どもが乳離れすると（おそらく2～3歳）、再び懐妊して子孫を繋いでいかなくてはならなかったので、本当に大変だったと思います。


自分のことで言うと、私は3人の子がいますが、本当に順調に生まれたのは一人だけでした。他の2人は未熟児で病気がちだったり、生まれてすぐに肺炎にかかったり、あるいは母体に負荷がかかりすぎて絶対安静になったりなど、現代においてもやはり出産は、一筋縄に行かないものだということを、身に染みて感じています。

ですので、当時は本当に祈るような気持ちで、3か月、1歳、3歳……と懸命に子育てしながら、月日を重ねっていったことと思います。


昨日までつぶらな瞳で笑っていた子が、感染症や事故などで、ぐったりとしてしまい、そのまま永遠の眠りについてしまった時のお母さんの悲しみは、いかばかりだったろうかと考えると、胸が切なくなります。

そんな多くのリスクを乗り越えながら、子どもたちは、大人の真似をしながら、狩りの仕方や採集の方法、編み物や食べ物、道具の扱い方、作り方などを学び、遊びの中でスキルを上達させていきます。この間ももちろん、病気やケガのリスクがあります。

こうして、無事、大人への階段をのぼり、成人（十代半）まで至ると、待っているのは成人となるイニシエーション（儀式）――「抜歯」です。

抜歯は主に縄文後期から盛んにおこなわれていたようですが、主に上あごにある犬歯を抜いていました。

当時はもちろん麻酔などあるはずもなく、無理やり引っこ抜くのですから、どれほど痛かったことでしょうか。

ヘタレな私はそれだけで、縄文は好きだけど、その時代に生まれ変わりたくないなぁ、って思ってしまうんですけれど。

おそらく、激痛に耐えてこその大人、だったのでしょうね。いやぁ、生きるって、厳しい……。

とはいえ、なぜ「犬歯」から抜いたのでしょうか？

これはあくまで推測の域を出ませんが、すべての歯の中で、一番尖っていて攻撃的な歯を、真っ先に抜くことで、平和や調和、和合といった、結びつきを大切にしようとしていたのかなと思いました。

もっとも、犬歯だけではなく他の歯が抜かれていることもあります。こうした抜歯は成人儀礼だけではなく、結婚や身内の死など、さまざまな機会に行われていたと考えられます。……それを耐えて、乗り越えていた縄文人たち……凄いなぁ。

さて、子ども時代を卒業した彼らは、他の大人たちと同じように、狩猟や採集、道具作りなど、さまざまな仕事に従事しつつ、同時にとても大切な仕事が待っています。

それが子どもをつくる、ということ。

そもそも男女の交わりが卑《いや》しいものと考えるのは、後世になってつくられたものですから、当時は、日夜問わず励んでいたようです。

とはいえ、近親婚ではさまざまな弊害が生まれますので、なるべく遠いところや近い関係性以外のパートナーと交わり、子孫を残さなくてはいけません。


そんな、出会いの場の一つが、**祭り**です。

近隣の集落が集まっての祭りや、交易で来た人たちと交流する祭り、あるいは、食物の成長や豊作を願う祭り（祀り）をする時に、さまざまな場所から人々が集うなど、彼らは頻繁に祭りをおこなっていたようです。

祭りでは、笛や太鼓など、さまざまな楽器も奏でられていて、彼らは火を囲みながら、歌い、踊り、食べ、そして若い男女は出逢いに胸をときめかせながら、気に入った相手が見つかれば、子づくりに励んでいたのでしょうね。


やがて、彼らは何らかの要因によって死を迎えることになるのですが、亡骸《なきがら》は埋葬され、土に還《かえ》り、自然の一部となります。

時には中央にある広場の土の下に埋められ、先祖の神となった彼らを取り囲むように住居が建てられた環状集落は、先祖の霊にみまもられながら、「共に」同じ時を過ごしていたようです。

すべての所作が、生きることと直結していた時代——それは、予測不可能な困難やリスクと隣り合わせの中、自分の直観や経験を頼りに、仲間や家族と連携しながら、懸命に、人生の物語を紡いでいった時代でもあります。

現代は人生１００年といわれるほどの、長寿の時代となりました。
当時の彼らから見ると、３倍は長く生きられることになります。
どんなに時が移り変わろうとも、変わることのない大切なもの——**愛すること、笑うこと、希望をいだくこと、魂に蓄積された記憶の扉を開けながら、今、目の前にいる人を喜ばせ、一つひとつの行為を愛《め》でながら**、時を紡いでいきたいなと思います。

縄文人からのメッセージ

すべては移ろいゆく。
朝日を待つ夜。実を待つ木。
赤子を待つ女。
すべてはめぐりの中にある。
「いま」を、照らせ。

第3章

縄文の信仰——土偶は語る

16

縄文人の恋と子育て——女は強し、母は強し

前章では縄文人の一生について綴《つづ》りましたが、その中から、気になるであろうトピックスをより深く考察していきたいと思います。それは、縄文人の恋愛事情と子育てについて。

残された遺物や人間本来の感じ方などを考慮しながら、推察していきます。

まず、「縄文人は恋をしたか?」——答えは「もちろん!」

なぜなら、人を好きになること、恋をすることは、人として当然の感情であり、誰かを愛しく思う気持ちは、**古今東西変わることなく、今へと受け継がれています。**

そんな「大好き・愛している」の思いが根底にあるからこそ、長き時を経ても、そして自らの命を賭《と》しても、守るべき大切な人を守りながら、今の私へと連なるいのちへとなっているのでしょう。

そう考えると、自分がここにいることそのものが、愛の証明であると思います。

では、具体的に縄文人の恋は、そして結婚は、どのようなものだったのでしょうか？残された遺物より推測するに、「一人だけをずっと愛する」といった「一夫一婦制」という考え方は、そもそもなかったであろうと考えられます。

なぜなら、そのようなシステムだと、共同体が維持できなくなったり、人口減少を招くからです。

古代におけるもっとも大切なことは、「子孫繁栄」であり「継続」であったでしょうから、子どもが生まれ、育ち、成人してまたその子が誰かと結ばれ、子を産む、という流れが続いていかねばなりません。

とはいえ、当時における子を産める年齢（初潮が来る年齢）は、18歳前後といわれており、平均寿齢が30歳程度（長く生きる人はそれなりにいたらしいですが）で、その間、4～6人ほどの子を産んだのではないかといわれています。

ある計算によれば、子を産める年齢になってから、2年に一度、出産していないと、人口が維持できないのではないかとの試算もあり、そう考えると、女性はおなかが大きいか、おっぱいをあげているかの日々を繰り返しているのかと思うと、その大変さを思い、頭が少し、くらくらしてしまいます。

なぜなら、そもそも出産は命がけですし、その途中で命を落としたり、産後の肥立ちが悪くて……といったケースもあるでしょうし、また、生まれた赤ちゃんが乳幼児のうちに亡くなるケースも非常に多かったでしょうから……ね、本当に、当時のくらしは、生きることと死ぬことが日常的に、色濃く隣り合わせにあったのだろうなぁと思います。

そのような背景がある中で、若い女性は、血が遠い相手——祭りや交易などで出会った男性陣と交わり（一人とは限らない）、子種をもらっては、妊娠・出産を繰り返したのでしょう。

女は強し、母は強し……ですね。

もちろん、どちらが偉いといったものではありませんが、やはり**新しく命を生み出すことのできる「産む性」は、「産まない性」（産むことのできない性）より優位になりやすい**のです。

男女差別ともとられそうな話ですが（縄文時代ということでお許しくださいね）、子種さえいただければＯＫ。あとは結構です、といった**「役割」としての性**ではなかったかと考えられます。

また縄文時代の一般的集落は、せいぜい15～20人の近親者を中心とするコミュニティで、竪穴住居は、家族が一単位というよりも（もちろんそのかたちもあったでしょうが）、女性の家と男性の家、そして若者の家といった分け方もあったのではないかといわれており、生まれた子どもは集落の子として、主に母群を中心に、皆で大切に育てられたと考えられています。

これによって、子を産んだお母さんは、子育てにかかりきりにならなくても済むので、安心して次なる妊娠へと備えることが出来る、というわけですね。

こうした結婚スタイルのことを「外婚《がいこん》」といいますが、「外婚」が当たり前であるとする社会であるならば、今でいう「嫉妬」といった概念も育ちにくいでしょうし、そもそも不倫や密通といったものも存在しない社会である、ということです。

実際、男女で埋葬された墳墓はあまり見つからないことからも、それを推測することが出来ます。

とにかく、**生きるのに必死だった**であろうこの時代、その瞬間にあること、いること、見えるもの、聞くものすべてが、「生」の輝きを放つものとして、その時その時を愛《いと》しみながら生きていたのだろうなと思います。

今の感覚でいえば、出産だけ女子になるのも、子種だけ男子になるのも、うーん……ちょっとという感じではありますが、そもそも今の感覚をいにしえに当てはめること自体が陳腐《ちんぷ》なので、縄文を研究するときは、なるべく、現在の価値観や常識といったものを取り除いて、フラットな目線で、「生命」や「人間」が持つ、素朴で正直な生き方とはどんなものかを再考するきっかけになればと思っています。

ちなみに、過去から現代までの婚姻形態を振り返ると、最初は、群れの中で群居し、内婚により子孫と共に混在する「**群婚**《ぐんこん》」（最も原始的なスタイル）から、「**外婚**」へと移り、子孫を母群で産み育てる「**母系制**」へと発展していきました。

母系制（母系社会）というシステムは、現代社会を考える上でも大切な要素でもあるので、次節でより深めていけたらと思いますが、母系制から父系制へと変わったのは、家と家との結びつきが強くなる武士が台頭する時代からで、その潮流が弱まるのは、つい最近（戦後）から、ということになります。

意中の人と思うように結婚出来なかった時代を経て、自由恋愛と結婚が出来る時代に、私たちは生を受けての今があるわけです。

もちろん今でも全部がそうでもないのかもしれませんが、なんと有難い時代を生きられているのでしょうね。

今の自分へと繋いでくれたいのちの歴史に感謝して、我が体を丁寧に扱ってあげたいと思います。

縄文人からのメッセージ

カカさま、チチさま、おかげさま。
カミさま、おひさま、おかげさま。
なかよく、なかいま、なごやかに。

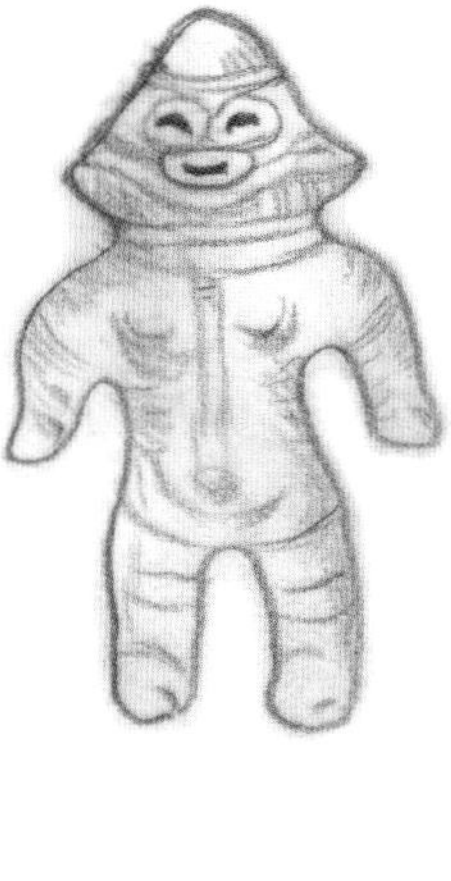

17 母系社会の力強さ――どの子もいい子、みんな可愛い

古代には、世界中に多くの母系社会が存在していたといわれています。もちろん日本も例外ではありません。

母系社会とは、母方の系統によって家族や血縁集団が構成されていく社会です。

世界的に見ると、温暖な気候の場所や農耕を中心とする民族は、母系社会が多く見られるのに対し、気候条件が厳しかったり、牧畜を中心とする民族には、少ない傾向があるようです。

そんな母系社会の特徴は、女性がオサ（長）となって社会をとりまとめていくので、**公平で寛容な、分かち合いと思いやりの暮らしが実現しやすくなります。**

もっとわかりやすく言うならば、経験豊かな年配の女性（おばあちゃん）が、ムラの長になるわけです。ばあちゃんから見ると、どの子も可愛いわけです。出来る子も出来

ない子も、いたずらっ子も、性格があまりよくない子も。
だからケンカになりにくいというのでしょうか、たとえば父系社会の中で起こりやすい、兄弟間における徹底的な争いなどが生まれにくい社会のシステムが、自然と出来上がるわけです。

ちなみに「どの子も」というのは、幼い子だけではなく、成人した男女も皆、含まれていますし、人だけではなく、動物や鳥、草木、岩……などもそうだったと考えられます。

そうしてすべての存在が仲良く、睦まじく暮らせるように、祖先から代々伝わってきた叡智《えいち》を結集させながら、「**母は強し**」で、さまざまなものやことを包み込み、暮らしと人を育んできたのではないかと思うのです。

さて、縄文時代において、もっとも重要視されたのは「いのちを繋いでいく」＝「子孫を残す」いうことでした。ということは、「結婚」や「夫婦」という関係が先にあったわけではなく（そもそも、こうした概念そのものが、もともとなかったと考えられます）、前述の如く、男女ともに、気の合う異性を見つけては交わっていたのだろうと思います。

そうして、無事、懐妊・出産となったあかつきには、その子のお父さんが誰かということよりも、どのお母さんから生まれた子なのか、ということほうが重要であったと考えられます。

とはいえそれは、もちろんのこと、男女「差別」ではなく、役割としての違いで、男性という、立派な筋肉を持つ性は、その身体的特性を生かして、狩猟や力仕事などに従事しながら、女性たちを支え、守り、暮らしに安心と豊かさをもたらせてくれたことでしょう。

一方、女性たちは、子を産む性としての役割をこなしながら、採集や保存、調理、土器づくりや衣づくり、そして子育てなど、女性ならではの細やかさを生かして、暮らしに喜びと豊かさを与えます。

こうして男性、女性が持つ特性を生かしながら、両者ともに、支えあい、暮らしていたのが古代における母系社会の特徴でした。


母系社会は表向きは、武士が台頭する鎌倉時代以降はすたれたとはいわれていますが、実際のところは、表向きは男性優位で、裏では女性が実権を握っている（給料の管理は奥様がしている、というように）世界が、今でもゆるやかに続いている気がします。


母系制が持つ社会のエネルギーは、**包み込みと寛容、そして力強さです。**

誰もがお母さんから生まれてきます。

母なる港から出港して、空と大地の中で生き、やがてまた、母なる大地へと還っていく旅の狭間で……。いずれは戻るその時まで、この世界の「今」を大切に紡いでいきたいですね。

縄文人からのメッセージ

私はたくさんの愛を語った。
たくさんの愛を語られた。
私の血の中にはたくさんの、愛の記憶がある。
それは私の宝物であり、あなたの宝物でもある。
私の体は、「愛」で出来ている。

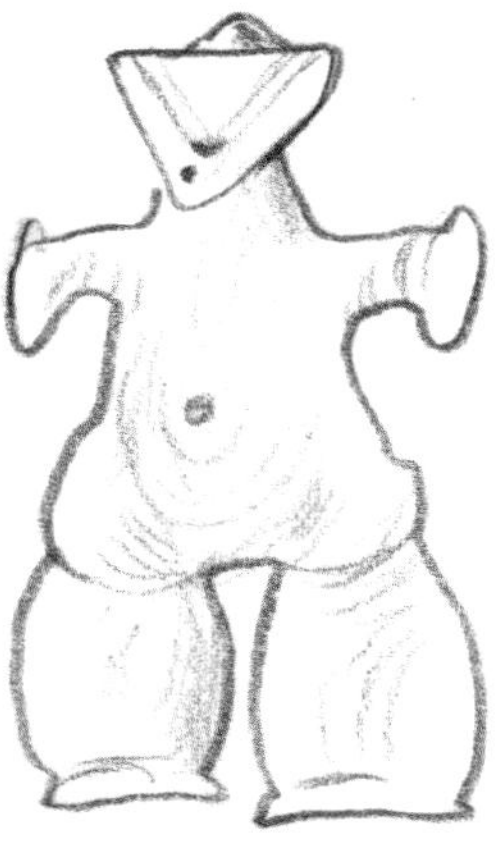

18

貝塚は語る——めぐるいのちの物語

縄文といえば、土器や土偶と共に思い浮かぶ言葉が「貝塚」ではないでしょうか。

古代の地層から大量に出てくる貝殻の山。それは縄文時代の「ゴミ捨て場」だったといわれていましたが、現在では研究が進み、そうではないことがわかってきました。

貝塚から出土されるものは、貝殻の他にも土器や土偶、石器、動物や魚の骨、骨角器《こっかくき》、装身具、そして人骨や犬などの骨も出てくるのです。

それらは、同じ場所で数百年にもわたり「捨てられて」いるので、まさしく厚みのある「塚」と発見されるのです。


日本のような酸性土壌では、有機物である人骨や動物や魚の骨、植物遺体などは、ほぼ土中で分解されるため、姿かたちが残らなくなるといわれています。

けれども、貝が持つカルシウム分によって、土壌がアルカリ質となり、長い年月を経ても、比較的姿をとどめたままで、発見されやすくなるとのこと。

これも、たまたま、そうする風習があったおかげで、当時の暮らしぶりを知る重要な手がかりとなることを思うと、縄文人たちが今の私たちへと繋いでくれた、魂《たま》と魂《たま》との結びつきが、「たま・たま」となったのかなぁ、なんて妄想が膨らみ、嬉しくなります。

では、この貝塚は、いったいどのような場として使われていたのでしょうか？

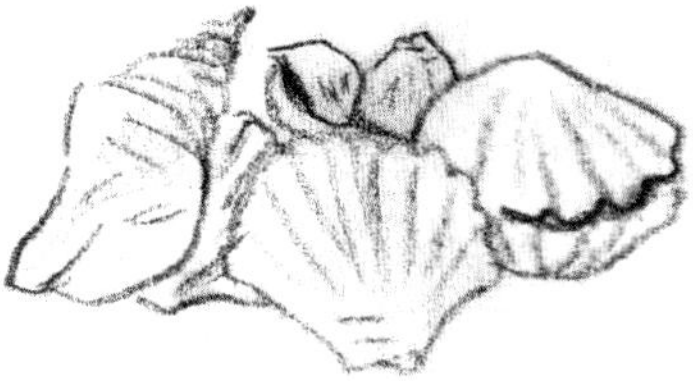

日本最古級の貝塚といわれる千葉県船橋市の取掛西貝塚《とりかけにし》（1万年前～9千年前）では、古代の祭祀跡とみられる場所に貝塚があり、単なるゴミ捨て場ではなかったことが指摘されています。
そこには、祭壇のあとと共に、火をくべた痕跡ものこっていることから、貝塚としてのこったものは、もともと**祭祀儀礼の場**ではなかったかと考えられるようになってきました。

どのような祭祀をおこなっていたのかというと、それは「**役目を終えたものへの感謝の祈り**」であり、この世界にやってきて、貝や人、動物などかたちなすものとなった尊い存在たち――カミを、元世界（あの世）へと戻す、**「カミ送り」の場**だったのではないでしょうか。

あの世とこの世をぐるりと行きつ戻りつしながら循環していくという思想は、縄文の遺物を眺めるたびに感じる感覚でもあります。

生と死が身近にあったであろう社会にとって、自分が今、この場所にいることの意味は何か？　また死んだらどこへいくのか？　あるいはなぜ生まれることができるのか？　など、素朴で素直な感情として、生死を見つめていたのではないでしょうか。

直観力に長けた、観察力の鋭かった縄文人たちが見出した答えは、**あらゆるものはアマなる世界からカミとしてやってきて、この世（ツチの世界）で戯《たわむ》れ、遊び、役割を終えたら、再びアマなる世界へと戻っていく**と感じ取ったのだと思います。

そんなアマ世界からお迎えする際の**「カミ迎え」行事**（祭祀）として、丁寧に作りこんだ華美な土器を使ったり、ツチの世界で成就（現れること）を願って、土偶を割ったりしたのではないでしょうか。

また、飼っていた猪の子――ウリボウが大きくなって処理されるときは、「殺《あや》める」のではなく、アマなる世界へと安心して戻っていただけるよう、供物を添え、丁寧に御祀りして、天に送り届ける「カミ送り」行事（神事）をしていたのではないかと考えられます。

同じような儀礼は、アイヌの熊の霊送りの儀式、**イオマンテ**にも見ることが出来ます。

このように、あの世とこの世が地続きで繋がっていて、かつ溶け合っているような世界観の中で、縄文人たちは過ごしていたのでしょう。

鳥も花も虫も人も獣も、すべての中に霊性――カミを宿すと考えた縄文人たちの、大いなる循環の輪をかいまみせてくれる貝塚、その感性は、時代が変わっても残っていると感じます。

たとえば、使い込んだ針や筆を感謝と共に納める針塚や筆塚などです。

いのちあるものもないものも等しく、その奥にある神性を感受し、尊んだ縄文の意識は、今も日々の暮らしをかたちづくる無意識の価値観として、継承されていると感じます。

縄文人からのメッセージ

いのちはめぐる　とわなりて。
いのちはおどる　ありのまま。
時をこえ　場をこえて。
君と出会う　われ　うれし。

19 サークルは語る――環状集落と環状列石

子どもたちが幼い頃、お砂場などで遊ばせていると、かわいらしい形をした小石や棒切れなどを見つけては「わー、すごい、これ見て見て」と周りにいる子どもたちを呼ぶことがあります。

すると、またたくまに、子どもたちが集まってきて、その子が指さしたモノのまわりが、円状となって囲まれることになります。

そんな姿を見るたびに、何か価値あるもの、珍しいものがあると、それを取り囲むように円環状の環が出来る、これが自然な姿なんだろうな、と思っていました。

そう感じていた頃、たまたま訪れた縄文遺跡を歩き、多くの縄文集落が緩やかな円環のかたちを描いていたことを知りました。

それで直感的に集落の真ん中には、何か貴い、大切なものを忍ばせているのかもしれないと思ったのです。

調べてわかったことは、真ん中に広場、その近くには先祖の骨、その周りを取り囲むように、集落が形成され、その外縁には貝塚などがあることがわかりました。

もしかしたら、広場の真ん中には、大きな木があったかもしれません。

なぜ、そのように思うのかといえば、南洋の部族たちの間にも、かつて同じような環状集落があり、その中央にはバナナの木などを植えて、何か大切な時にその実をいただいて、先祖の霊と一体になって力を得るといった風習がありました。

もしかしたら、日本においても、何か特別な意味を持つ木を植えて、そこでリラックスしたり、先祖の霊と繋がって、メッセージを受け取ったり、ということをしていたのではないかなと思っています。

このように、**大切なものを真ん中に置き、その周りを取り囲みながら、護り、護られるという構造は**、切った丸太の年輪を思い出させてくれます。

丸太の中心部分は、もっとも古く（先祖がいるところ）、外側に行くにつれて若く（子孫がいるところ）なります。

こうした自然界の在りようを模倣しながら、木肌となる最外縁には、貝や土器や動物や魚の骨などを祀った「貝塚」があり、多種多様ないのち（カミなる力）によって護られながら、全体が栄えていく、と考えたのではないでしょうか。

また、集落に入る入口は、太陽の復活祭でもある冬至の朝日が立ち昇る位置に配置されていることが多く、大いなる太陽の恵みが、真っすぐに集落の中心にある広場とその大地に眠る、先祖の霊に向かって陽が当たるようになっているのです。

こうして連綿と続く**先祖の霊力（マナ）が活性化し、その子孫である家々に住む人々と、その先へと続くいのちのながれが、尊いヒ（日・霊）の御影（みかげ）によって護られるという、時代を超えたいのちの連鎖**を祈っていたのではないかと思っています。

サークルとして囲むかたちは、竪穴住居の中においても同様です。炉に火をくべて、その周りに人が居るという構図です。

火は霊（ひ）に通じ、アマ（天）から降り立つカミなる力が、（生命の根源力でもあるヒ（霊・火）となって降り立ち、赤々と燃え、人々を照らし、暖をもたらします。

そうした大いなる力を受けながら、大切なものを護り、護られ、輪・和の心が醸成されていったのでしょうね。


さて、環のかたちが残る遺跡としては、環状列石や環状木柱列などがあります。

環状列石を英語に直すと、ストーンサークルです。この名前を聞くと、真っ先にイギリスのストーンヘンジ（5000〜4500年前）などを思い出しますが、実は日本のストーンサークルのほうが歴史が古く、しかも数が多いのです。

たとえば、長野県諏訪盆地にある阿久《あきゅう》遺跡には、10万個以上の石を並べてつくられたストーンサークルがあり、その時期は縄文前期にあたる今から6000〜7000年前といわれています。

世界遺産にもなっている有名なストーンサークルは、秋田県にある大湯遺跡で、野中堂と万座という二つの環状列石が、日本のピラミッドと呼ばれる黒又山（クロマンタ）の近くにあります。

日本のピラミッドと呼ばれる黒又山
（クロマンタ）

秋田県の大湯環状列石（万座環状列石）

私は個人的にストーンサークルを訪れるのが大好きで、いろいろな場所を訪れているのですが、やはり大湯環状列石は圧巻です。そこで瞑想すると、ダイナミックなエネルギーの流れを感じることがあります。

とりわけ、大湯では、黒又山に下りた神聖なる気（エネルギー）が、大地を通って野中堂の中へ入り、左回転をしながら野中堂の中央付近にある立石から出ていき、次に右回転をしながら万座のほうに流れ、渦を描きながら、やがてまた黒又山へと戻っていく、というトライアングルのエネルギーの流れを感じました。

さらにその流れが、弧を描くように渦巻いて、黄金螺旋《らせん》を描くように、日本を覆っていくようなイメージまで浮かんだのです。

もちろん、イメージの世界なので、確証も何もありませんが、古代人たちは、私たちが思っているよりはるかに直観的で感じる感覚も強く、精緻なエネルギーを操る術にも

石川県能登町の真脇遺跡、環状木柱列

真脇遺跡の環状木柱列の中

長けていたのではないかな、という気がしてなりませんでした。

環状列石は、祭祀や墓地として使われていた、と一般的に考えられていますが、おそらくはそうした使い方の他に、**高次のエネルギーをおろしていく場（フィールド）**としての活用法だったのじゃないかな、とも考えています。


また、形状は環状ではありませんが、三内丸山遺跡にある巨大な六本柱は、その配置が夏至や冬至、春分・秋分の日の出と日の入りと対応していることが調査の結果、わかったのです。

季節の廻りをしっかりと知ることは、縄文人たちの食糧調達において、大切な意味を持ちますので、これも年間を通した大きな輪の一巡り――時のサークルを想起させます。

彼らは、こうして、空間も時間も、環状に結ばれる「輪」の力を感じながら、時と場を超えて、結ばれていたのではないでしょうか。

めぐるいのちの循環を感じながら今を感じ、丁寧に暮らしていきたいものですね。

縄文人からのメッセージ

まるく　まあるく　輪になって。
わらって　うたって　遊ぼうよ。
まあるい　こころで　包まれて。
まるまる満ちた　世ができる。

20

土偶は語る——祈りが結晶化された古代のモダンアート

縄文といえば土器に続き、すぐに思い浮かぶのが縄文土偶です。有名な土偶として、国宝となっている「仮面の女神」、「縄文のビーナス」、「縄文の女神」、「合掌土偶」、「中空土偶」や重要文化財の、「遮光器土偶」などがあります。その見事なるフォルムは、古代発のモダンアート（現代美術）と呼んで良いほどで、現代の私たちが見ても、十分見ごたえがあり、引き込まれてしまう不思議な魅力に満ちています。

もっとも、初期の土偶は手のひらに収まるサイズの可愛いもので、形状も板状の三角形だったりしますので、おそらくは「片手間」で出来たのだろうなと思います。ざっくりとしたフォルムがメインの素朴なものですが、なんともいえない味があります。

そこから中期になって、土偶文化が一気に花開くことになり、手足や胸などの「五

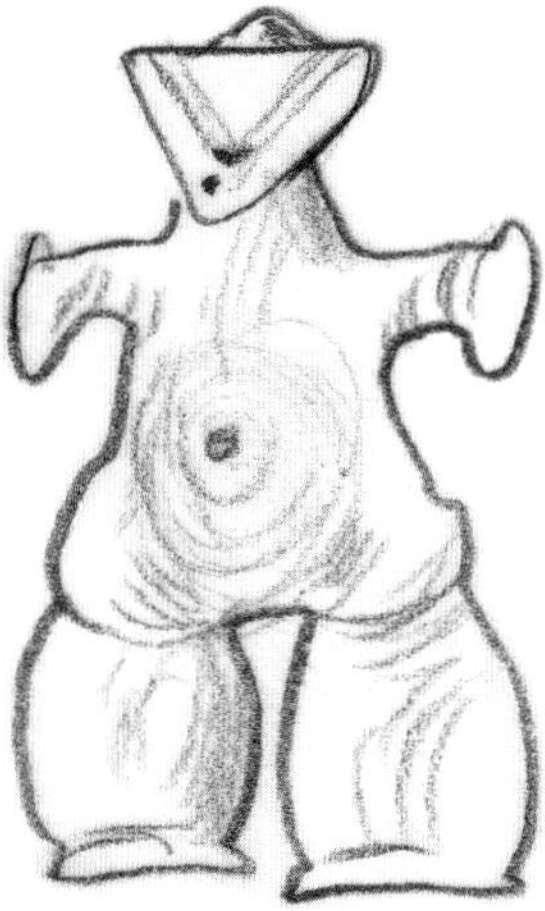

仮面の女神
（長野県・中ッ原遺跡出土）

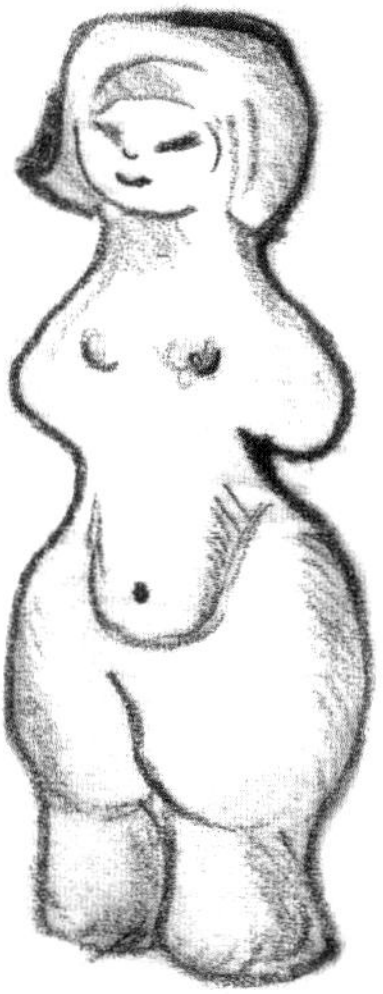

縄文のビーナス
（長野県・棚畑遺跡出土）

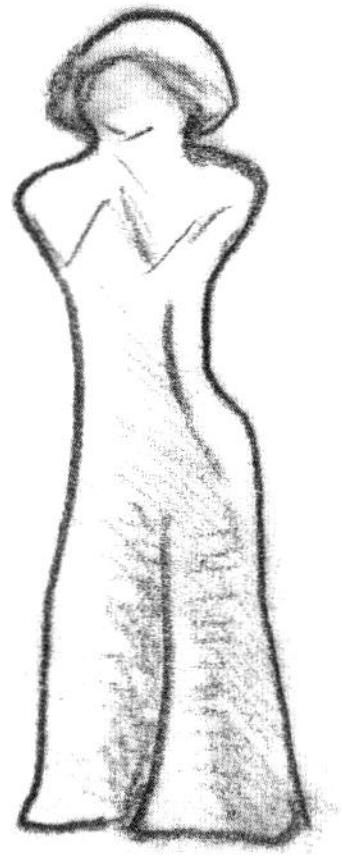

縄文の女神
（山形県・西ノ前遺跡出土）

体」がつくようになったのですが、なぜそれらの部位が必要だったのかというと、必要ならざるを得ない理由――そこに作られるべき特別な思いが込められたから、と考えることが出来ます。

さて、土偶が何を表し、何のために作られたのかという議論は、昔からさまざまな説が唱えられていますが、最近は、植物の精霊を象《かたど》ったものではないかという説があります。

私は時折、テラコッタの粘土をこねて、土偶を再現したりしてみるのですが、実際に創ると、いかにそれが高度な技術であるか、身にしみてわかります……というか、創れないんですね。

ましてや焼成しないと完成に至らないことを思うと、あまりに難しすぎるのです。

土器などもそうですが、彼らがどんなに心を尽くして、手を尽くして、丁寧に創り上げていったのか、そのプロセスの中にある想いが、行為をまねることで、言葉を超えて

合掌土偶
（青森県・風張1遺跡出土）

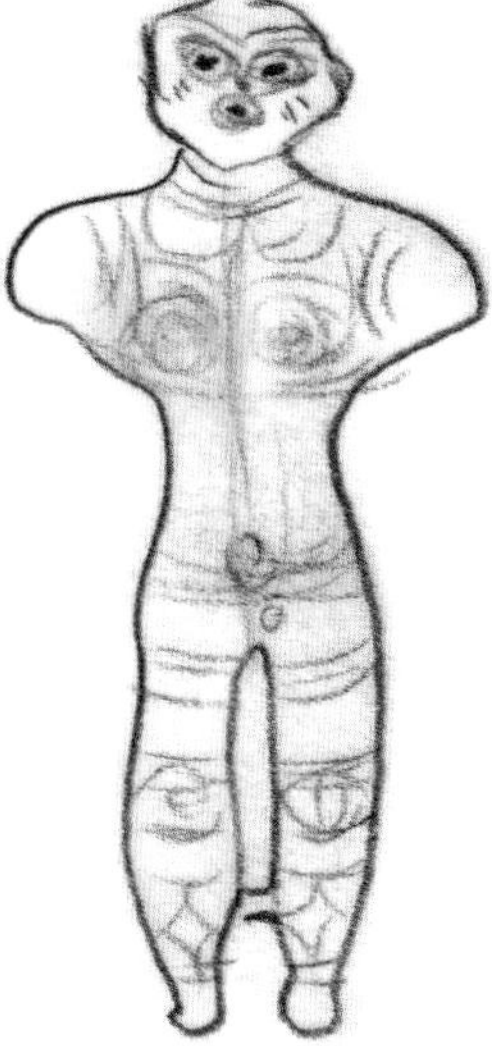

中空土偶
（北海道・著保内野遺跡出土）

遮光器土偶
（青森県・亀ヶ岡遺跡出土）

伝わってくるような感覚を覚えます。

ただ一つ、確実にいえることは、「**土偶は祈りである**」ということ。祈りがかたちとなり、お土の中に想いが練りこまれているんだなぁということが伝わってくるのです。

たとえば、胸の部分に粘土を添えるときには、「よくおっぱいが出るように」と祈り、お尻部分に粘土を添えるときは「安産で生まれますように」といったように、それが出産、あるいは豊穣祈願にしろ、強い祈りがあってこその産物なのでしょう。

私の個人的な感覚としては、土偶の正体は（すべてというわけではありません）、人というよりも、人にある霊的な本質・本体を描こうとしたり、あるいは彼らの心眼で見た、高次の存在の姿だったり、自然や植物のスピリットである精霊たちの姿を、彼らの精神宇宙からみた姿として創られたのではないかと考えています。

興味深いのは、中期に創られた多くの土偶は、せっかく五体そろって創られたにもかかわらず、バラバラに割れていて、それぞれのパーツが異なる場所から発見されるということ。

これはあくまでも私のカンですが、安産や豊穣を願い、天から地へとお迎えする儀式として、上（天）から下（地）へと落とし、その予祝《よしゅく》的な成就を祝うお守りとして、持ち歩いたり、異なる場所に埋めたんじゃないかなと思っています。

なお、前述した縄文のビーナスなどの大型土偶は、完全な形のまま出土されることが多いのです。ということは、こちらの土偶はまた、異なる目的をもって創られたのでしょう。

おそらくは祭祀用――呪術や儀礼として、縄文人たちの心を強く惹きつけ、拠りどころとなる大切な形代《かたしろ》として活用されたことでしょう。

今でもゾクゾクするほど個性的で魅力的な縄文土偶たちは、高度な技術力と独創性にうらうちされた、祈りが結晶化された姿なのだと思います。

縄文人からのメッセージ

あなたの祈りは私の祈り。
私はいつも、祈っている。
どうぞ、いつも幸せでありますように。

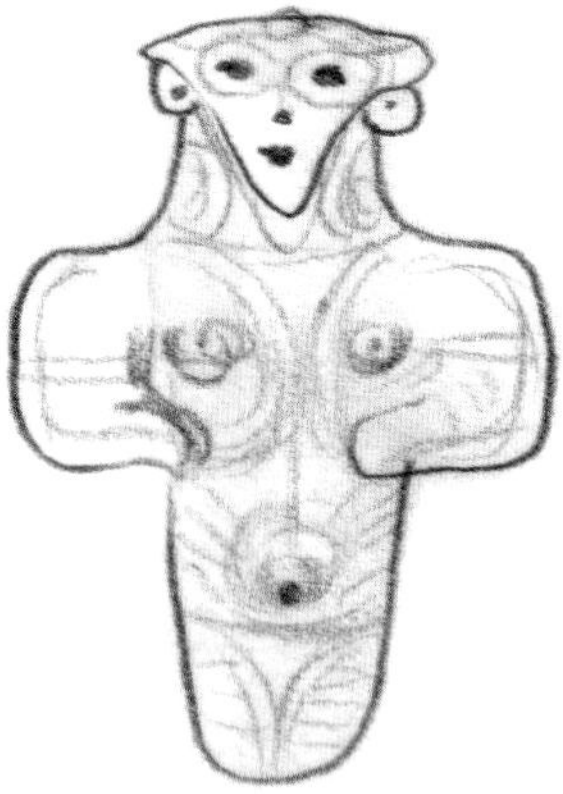

21 縄文と江戸、そして令和へ——火焔型土器に託されたヒミツ

縄文を代表する縄文土器。土・水・風（空気）・火と日の恵みによって誕生した土器の発明によって、縄文人たちの暮らしは格段と向上しました。

たとえば、衣服の素材となる植物の繊維を柔らかくしたり、漆を精製するために使ったり、古代の接着剤である天然アスファルトを溶かすために使ったり、入れ墨用の染料を創ったり、湧き水を保存したり、祭祀目的に使ったり、そしてもちろん料理用の煮炊きに使ったりと、実にさまざまな用途で使用されては、縄文人たちの暮らしに彩りと豊かさを提供していたのです。

それにしても縄文土器のプリミティブで独創的な姿は、一度目にしたら忘れられないほどのインパクトがあります。有名な火焔《かえん》型土器などはその典型でしょう。

燃え上がる炎を象《かたど》ったかのような形状からその名前が付いたため、一般的には「炎」

をイメージして作られたのではないかと思われていますが、本当にそうなのでしょうか？

土器は火にかけるから炎だ、と考えたかもしれませんが、もし私が縄文人だったら、火にかけるものの火勢をさらに強めることになるかもしれない、火は象りたくないなぁと思います。だって大切な竪穴住居が燃えちゃったら困りますからね。

その代わり、火勢をコントロールできるよう、その反対の要素――水を象って、ちょうどよい塩梅になるよう、護符がわりの紋様をつけたくなるなぁと思います。

ですので、**描かれている紋様の意味は水**であり、漁をしている時に見られる、ダイナミックな波の紋様を描いたものではないかと考えています。

実は偶然にも、日本を代表するある絵画と火焔型土器の鶏頭冠突起《けいとうかんとっき》（上にたちのぼってカーブを描いている模様）や、口縁部にある鋸歯《きょし》状フリル（縁にあるいくつもの尖った紋様）が、大変似ていることがわかったのです。

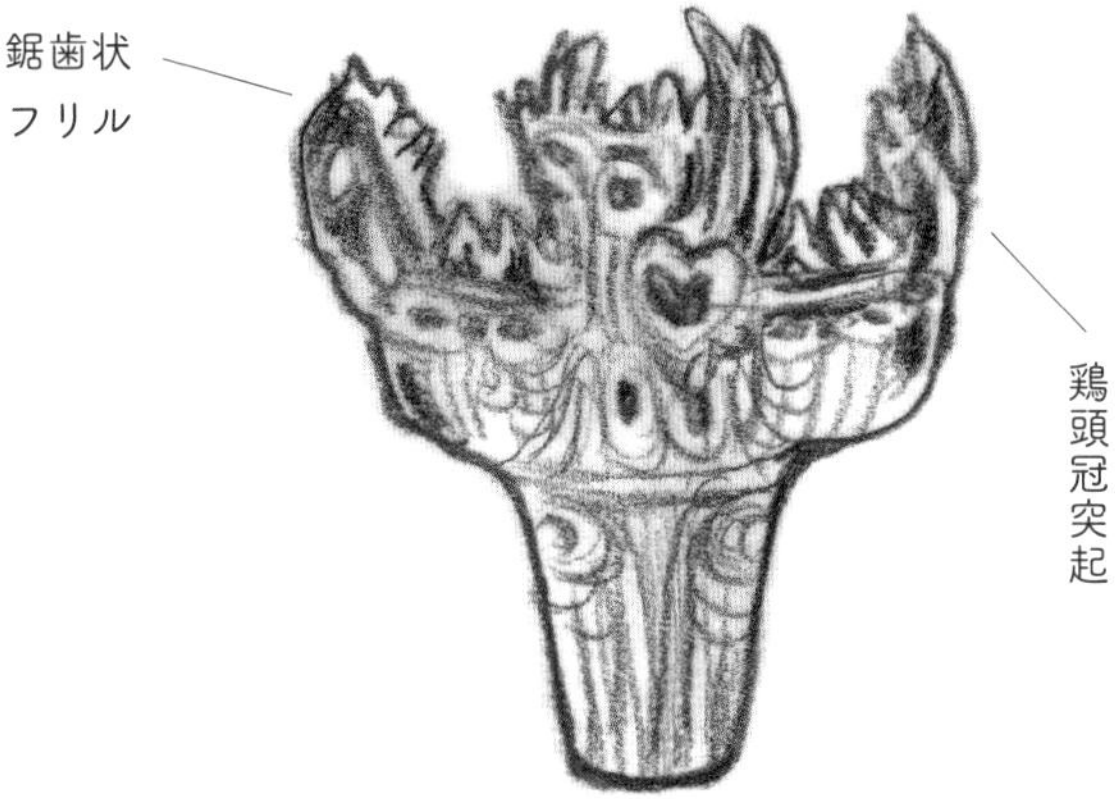

火焔型土器

「冨嶽三十六景 神奈川沖浪裏」葛飾北斎

それは浮世絵の巨匠――葛飾北斎が描く「富嶽三十六景 神奈川沖浪裏《かながわおきなみうら》」の大小の波の姿でした。

しかも驚くことに、北斎の浮世絵にある大波は、単なるデフォルメなどではなく、実際に、二つの小さな波が、120度の角度でぶつかった時に発生する大波の形でもあったのです。

この波はドラウプナー波と呼ばれ、イギリスのオックスフォード大学とエジンバラ大学の共同研究チームによって実証されているものです。

私はその話を聞いた時に、頭がクラクラするほどの衝撃を受けました。

というのは、ごく一瞬のかたちである波の姿（4000分の1というシャッタースピード）を江戸の絵師、北斎先生が絵の中に再現していたことへの驚きと、さらにはそれとほぼ同じ形状を、はるか5000年前の縄文人が、すでに表現していたという驚きです。

頭を冷やして考えてみると、もしかしたら、彼らは、映像記憶を持つサヴァン症候群だったのかなとか、いろいろな妄想が浮かびますが、ただ一つ言えるのは、縄文人も北斎先生も、自然観察の達人であったことは間違いありません。

縄文から江戸へ、そして令和へ。**大自然を舞台に紡がれる人間の物語は、時に荒ぶり、時に優しく包んでくれる自然の様態を丹念に観察し、畏れ敬いながら粛々と生きてきた、人間本来の生き方とあり方**を感じさせてくれます。

火焔型土器の紋様を波間に見立てながら、その器の中に、どんな想いや祈りを入れて、情熱を燃やしていこうかとイメージを膨らませながら、過去から今、未来へと続く縄目を繋いでいけたらと思います。

縄文人からのメッセージ

よく見てごらん　感じてごらん。
いつだって　世界は開かれている。
時は変われど　変わらない。
大事なものは　すぐそこに。

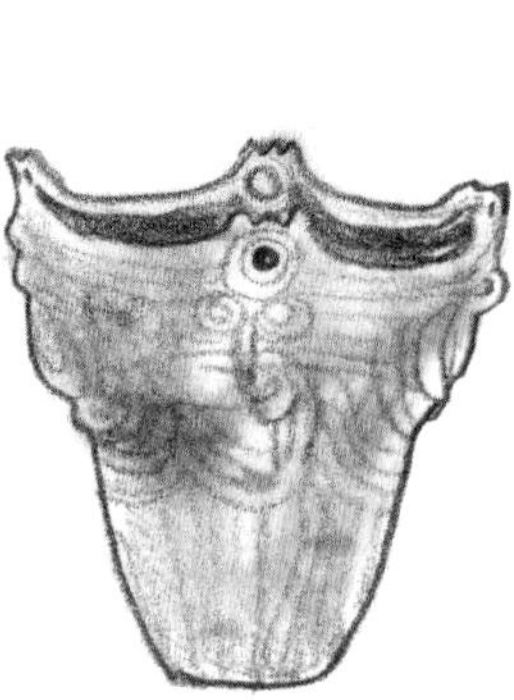

22

縄文土器の世界観と宇宙――ハシラを伝って行き来する

前述の火焔型土器ですが、この土器とベースとなる立て付けは似ていても、上部が異なる「**王冠型土器**」と呼ばれるかたちが、同じ遺跡から出土することがあります。

おそらくそれは火焔型のものと対となる概念ではないかとの説を、考古学者の小林達夫氏は述べています。

王冠型土器とは、突起の部分がシンメトリーな形に反りあがっていて、王冠のようなフォルムをしている土器のことです。

私もさまざまな博物館で拝見してきましたが、二つを見比べてみると、どんどんイメージが膨らんできて、見飽きることがありません。何度も見ているうちに、ほぼ確信となって、これらのかたちの中に、縄文人が持つ世界観が示されているのではないかと思うようになりました。

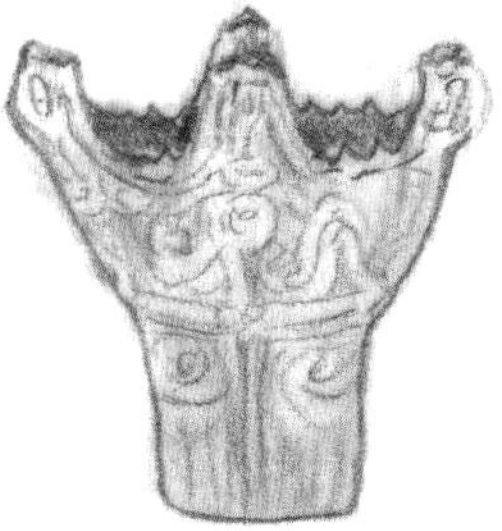
上から見ると
四角い形に見える
王冠型土器

上から見ると
丸い形に見える
火焔型土器

まず火焔型土器の口縁はフリル状のギザギザ模様であるのに対して、王冠型のほうはギザギザが無く、なめらか&ゆるやかに湾曲しています。

もっとも異なるのは、鶏のトサカのような形状の火焔型と、短冊状の王冠型の違いです。


そこでイメージとして、自分を極小サイズにして土器の口縁にたっているのだと考えると、やはり火焔型は海の波に見えてくるし、王冠型はそびえたつ山にみえてきます。

ウミとヤマ。性質は全く異なれど、どちらも恵みを与えてくれる大切なる空間であり、「カミ」を宿すものとして、敬意を示し、畏れ敬ったのではないかと考えられます。

ですので、これらの二つは、普段使いというよりも、祭りや儀式のときに使うことをメインとして作られ、その時の供物《くもつ》である食べ物を入れて、仲間にふるまったのではないかなと感じました。

今風に言うと、普段使い（ケの日）のものではなくて、ハレの日用の特別な器、というわけですね。

さらに興味深いと感じたのは、新潟県のほぼ全土から出土している火焔型土器と王冠型土器の口縁のかたちが、上から見ると火焔型が丸いフォルムで、王冠型が四角いフォルムなのです。

この二対ともいえる○と□の形状は、鹿児島県の上野原遺跡から出土した今から７５００年前の早期壺型土器２個体の口縁でも見られるものです。

○と□で思い出すのは、古代中国の宇宙観である、天は丸く、地は方形であるという「**天円地方**《てんえんちほう》」という考え方です。

前漢の武帝の時代（BC150年頃）に淮南王劉安《わいなんおうりゅうあん》によって編纂《へんさん》された「淮南子《えなんじ》」という書物に書かれている言葉ではあるのですが、さらに遡ること数千年前に、日本列島に住む縄文人たちがすでにその概念を持っていたのかもしれないことを思うと、「もしかして？」となりますよね。

もっとも縄文土器は、世界最古級ゆえ、縄文土器ではないかと思われるものが世界中から発見されており、東アジアではシベリアや中国南部からも出土しています。縄文人は「海の民」でもありますから、航海の末、大陸に渡っていたとしても不思議ではありませんし、そもそも「日本人」という国家概念を持っていたわけではないでしょうから、どちらが先かといった議論自体が、少し陳腐に感じてしまいます。

さて、話を「天円地方」に戻すと、確かに、◯と□のかたちが提示された時、どちらが天で、どちらが地ですか？　と聞かれたら、おそらくほとんどの人が、頭上に広がる天空は丸く、目線で見える地上は方形として、イメージできるのではないでしょうか。

ここからは、今までと少しテイストを変えて、私がこの2種類の土器を眺めた後に受け取った、瞑想中の映像と言《こと》の葉《は》を、散文詩風に綴りたいと思います。

縄文人からのメッセージ

我らは伝える、我らの子らへ。
我らは、天（アマ）なる世界から、やってきた。
アマなる世界は、すべてを生み出すところ。
すべてである、すべている。
そこから我らはやってきた。

アマは広くて暗くて、温かい。
アマは丸くて大きい。
そこには、すべてがあって、すべてがいた。

アマの下には、ツチがみえた。
土は四角い、カタチがある。
冷たく湿っていたが、明るさがあった。
誰もかれもが、そこに行きたがった。

時は満ちた。
我らはツチへ降り立った。
鳥や花、虫、たくさんの仲間も降り立った。

ハシラをつたって降り立った。
ハシラはアメツチをつないでいた。
ハシラは太く真っすぐだったが、
中に入ると、くるくる回って降り立った。

ツチから見えるハラとヤマ、ウミ。
ミヅは冷たく、ヒは温かい。
そこにいるのはたくさんの、ヒが形となったもの。
貴く、はかなく、愛《め》ぐしもの。
我らはあそぶ。四角い世界を。
我らはもどる。丸い世界に。
ハシラをつたって、いつでももどり、やってくる。
世界は、すべて、すばらしい。

23

世界最古の漆《うるし》ジャパン――うるわしき匠の技の縄文人

西欧の大きな博物館に行くと、たいていオリエンタル色の強い一室があり、そこには必ずと言っていいほど、**漆でできた調度品**が飾ってあります。

そこには、美しい螺鈿《らでん》（薄く板状に切った貝殻の技法）や、蒔絵《まきえ》で出来たものなど、艶とぬくもりを感じさせる漆の色が、静謐《せいひつ》で凛《りん》とした空気を保ちながら鎮座しているようにも見えます。

近世ヨーロッパにおいて、主に王侯貴族たちから愛された、極東の国からはるばる運ばれた工芸品は、国の名前そのものである「ジャパン」と呼ばれて珍重されていました。ちなみに磁器製品を「チャイナ」と呼び、東洋への関心を深めていたといいます。

漆の歴史は古く、縄文時代に遡ります。

北海道にある恒ノ島B遺跡からは、漆を使った9000年前の副葬品が出土しており、

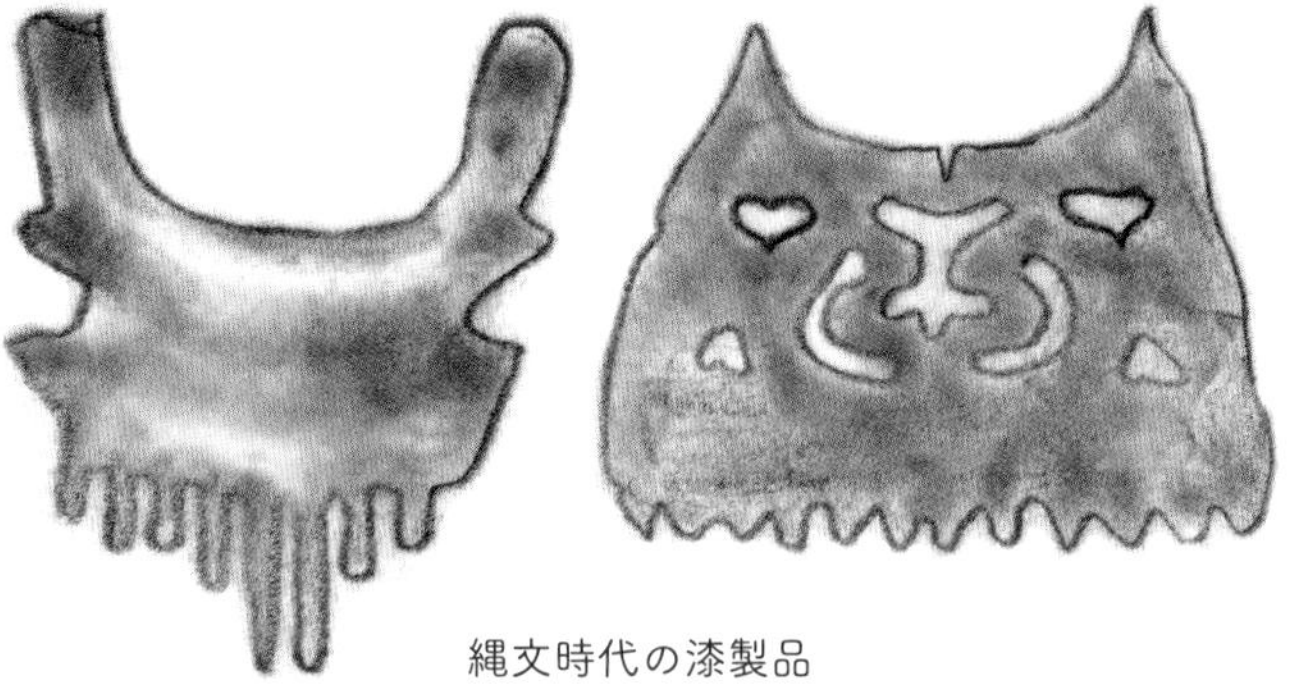

縄文時代の漆製品

漆——JAPANの名にふさわしく**日本が世界最古の漆大国だった**、というわけです。

実は、漆はそれほど扱いやすくはなく、取扱注意の木でもあります。

肌に触れるとかぶれますし、育てるのも簡単ではないようです。山野で、漆の木を見つけたときは、触らないようにしなくちゃと、緊張が走りますもの。

個人的なお話になるのですが、どうやら私は漆と縁があるようで、母方の先祖は、秋田で漆職人をしていたとのこと。その後、北海道へと移住したのですが、幼い頃、家には、漆の製品がたくさんあったのです。

それを触るたびに、「これは高いものなんだから丁寧に扱いなさい」と言われ、子ども心になんでこんな地味で古臭いものが？　と思っていましたが、月日と共に、家からなくなっていました（処分したとのこと）。今思えば、少しもったいなかったなぁと思います。

さて、そんな「漆」ですが、日本で古くから広がったのは、その利用価値が大変有用だったからです。たとえば、器に漆を塗ると、水漏れを防ぐばかりではなく、耐久性のある丈夫な器となって仕上がりますし、接着剤としてつなぎ目を合わせたり、修復用に使うこともできます。

かつ、漆に含有されるウルシオールの成分は、食べ物の腐敗防止に役立ったり、殺菌効果を発揮したりもするのです。

漆創りの手間暇がかかったとしても、使わない手はないというほどに、暮らしに役立つ素材だったのです。

しかも縄文人たちは、そこに「美」までも加えているのです。

生漆に鉄粉や木炭などを混ぜて漆黒の「黒漆」にしたり、ベンガラや辰砂《しんしゃ》などを混ぜて「赤漆」にすると、神秘的で艶のある漆製品が出来上がるのです。

とりわけ、**縄文人にとっての「赤」は、特別な意味合いを持つ色**でした。縄文遺跡からは、お椀やお皿、壺やさまざまなかたちの土器、弓矢や腕輪、櫛に至るまで、赤色の漆製品が多く出土しています。

赤という色は血の色、生命の色でもあり、魔除けや復活、再生、隆盛を願う象徴として使われていたと考えられています。

縄文博物館に行くと、土色の色調の中、赤の色がパッと目に入ってくることがあります。特に、数千年の時を経ても、色褪せることなく艶めいている赤色の櫛を見かけた際には、しばらく立ち止まって見入ってしまいます。そして、楽しい妄想が始まるのです(笑)。

この櫛をさしていた人はどんな人だったんだろう? この櫛を贈る時は、どんな言葉をかけたのだろう?——縄文版、愛の賛歌を思いながら、一人、悦に入《い》ってしまいます。

漆の技術は縄文から現代にいたるまで、脈々と受け継がれています。

奈良の正倉院の宝物殿には多くの漆製品が収められていますし、平安末期に書かれた「色葉字類抄《いろはじるいしょう》」の中には、古代の英雄――ヤマトタケルの時代には漆を管理する官史である「塗部《ぬりべ》」が設置されたとも書かれています。

また歴代朝廷や幕府の調度品を眺めると、漆塗りの調度品を数多く見かけることができます。

その「匠の技」と決して妥協することのない「モノづくりの心」が、相まって、唯一無二の日本を代表する工芸品「漆――JAPAN」となって西欧の人を魅了したのですね。


ところで、古くからまことしやかにささやかれているある伝承をご紹介したいと思います。それは、遡ること9000年の歴史がある縄文の漆技術が、南米にも伝わっていた、というお話です。

というのは、ゴムの木から天然ゴムをとる時は、木の樹皮に切れ目を入れて、樹液をとったものを精製していくのですが、そのやり方を、**古い時代、日本人から教わったという伝承が現地に残っている**というのです。

さらに驚くことに、南米のペルーとボリビアにまたがる天空の湖「チチカカ湖」というのも日本語からきているのだそう。意味は、お父さん・お母さん（チチ・カカ）。本当かなぁと思い、現地に行った友人が確かめたところ、やはりそのような伝承が継承されているとのことでした。

海の民であった縄文の人々。海流に乗って、渡り鳥を味方につけ、大海を航海していた古代人たちの中には、遠く南米まで渡っていった猛者もいるのかもしれないと思うと、さらなるロマンが広がります（余談ですが、イースター島のモアイの像には神代文字が刻まれていたといわれています）。

今、私たちは気軽に誰でも、漆器を使うことが出来ます。漆器を手に取った時のしっとり感、熱い汁物が入っても、手は熱くならないし、口元に触れる優しさ。

そして長く使えば使うほど艶が増して、色合いも変化していく楽しさ。この、**控えめながらも凜とした美しさ、艶やかさ、実用性は、まさに日本人が持つ精神性を、かたちとして表しているのではないか**と思います。

台所に潜む、縄文人からの贈りものに思いをはせて、今日も美味しくご飯をいただきましょう。

縄文人からのメッセージ

手をかけて　心をかけて
愛でながら　私は造る。
まなざしと　優しさと
祈りを込めて　私は造る。
大好きが　かたちとなる。
大好きは　あたたかい。

24 自然崇拝――万物すべてにカミ宿る

古来より、自然豊かな日本列島に住まう人々は、豊かな恵みをもたらすと同時に、時に猛威を振るう自然に対して畏敬《いけい》の念をいだきながら、感謝と共に暮らしていました。

ひんやりとしながらも温かい、竪穴住居に差し込む日の光。外に出ると一面に広がる野原や草木、花、虫、鳥。葉の上で丸く輝く露玉、土の香り、雨の音、風の音、人の声、獣の気配……彼らが見聞きするすべてのこと、すべてのものは皆、尊く、素晴らしく、稀有《けう》なるものとして神聖視していました。

その中にはもちろん自分たちのことも入っています。

彼らはそれを、「カミ」（見えない偉大なる力の「カ」＋見える実体「ミ」）と呼び、畏《おそ》れ敬ったのです。


森羅万象の背後にある奇しき力、あらゆるものを生成化育《せいせいかいく》させ、発展も消滅もさせて

しまう様態、エネルギーである「カミ」は、のちに神名がつく人格神へと変化し、現代にいたるまで継承されています。

とりわけ縄文の人々は、**お日様とご先祖様、大地の恵みに感謝をしながら、自然と共に暮らしていました。**

今でも朝日や夕陽を見ると、思わず手を合わせたくなりますし、ご先祖様を偲《しの》んだり、食事の際に行う挨拶――「**いただきます**」や「**ごちそうさま**」を欠かさずいうことを思うと、縄文由来の精神性は案外失われていないのかなとも思います。

さて、縄文時代の自然への信仰は、「**アニミズム**」と呼ばれることがありますが、私個人としては、少々違和感のある呼び名でもあります。

アニミズムとは、「生物・無機物問わず、すべてのものの中に霊が宿る」とする考え方で、英国の人類学者であるタイラーが、著書『原始文化』（1871）の中で使用し、定着した言葉です。

文字通り読むと、決して間違ってはいないのですが、こうしたアニミズムの概念は、のちにキリスト教にとって代わられる前段階の、「未開」で「原始的」な信仰のかたちが前提となる、西洋の宗教発達史に基づいての捉え方なので、そのまま古代日本人の祈りのかたちが適応するかといえば、そうではない気がして仕方ないのです。

つまり、**縄文の信仰である、すべてに神性を見いだすカミへの祈り**……「自然崇拝」、「自然信仰」という汎神論《はんしん》的世界観は、古代人たちの卓越した観察力と洞察力がもたらした、叡智の結晶であると考えるからです。

決して「未開」でも「原始的」でもなく、むしろ**根源的で高次なる意識の次元から、遠き子孫である私たちへと送り届けたい、もっとも重要なメッセージ**として存在しているのではないかと考えています。

すべてのものに霊（ヒ・カミ・レイ・ヒ・タマ・タマシヒ・イノチ）が宿る、とする考え方を、現代の最先端科学である量子物理の世界で考えると、**あらゆるものが有機的に繋がり合い、相関し合っているという、非局在性・不離不可分の時空の本質——量子**

的宇宙であるとも置き換えることが出来、遥か昔の古代人たちが、最新の科学の知見とも被っていくことに驚愕の念を覚えます。

縄文の人たちは、あらゆるものの中にある神性――**カミなる力の働きを「ヒ」**と呼び、その「ヒ」が空に浮かんでいるものを**「おヒさま」**と呼び、それと同じような輝きのものを炉の中にくべたものも「ヒ」で、特に大切にしたのだと思われます。

そしてそんな「ヒ」なるものの姿は、丸い「タマ」として捉えられ、のちのその活動体が、マガタマとして捉えられたり、尊いヒをいただき留め置いた存在として**「ヒ・ト」**と呼ばれるようになったのでしょう。

ヒのめぐみ、ヒのみかげ、あらゆるものにカミ宿る世界――そこから見えてくる世界は、孤立無援な自己ではなく、存在そのものが世界を構成する大切なひとかけらとして、すべてが生き生きと繋がり合い、生成化育発展消滅していく自然の摂理であり、宇宙の法則性ともいえるものです。

私はすべてと繋がっている。空も山も海も、鳥も花も未来も、そして今、この頁を開いてくださっているあなたとも。この内なる質感を大切にしながら、日々の暮らしに臨めますように……。

縄文人からのメッセージ

◇◇◇◇◇◇◇◇◇◇◇◇◇◇◇◇

鳥も花も虫も葉っぱも、みんな私の仲間たち。
すべては、カミなるものから分け出でたものたち。
すべては、繋がりの中にある。

第4章

縄文と言葉について

25

いかにして言葉は生まれたのか――言葉の獲得と縄文人

ここであらためて、人間と動物の違いについて、見えている視点の違いを通して考えてみたいと思います。

動物にとって、森羅万象の外部環境としての世界は、彼らと直接的に、ダイレクトな状態で関わり合っています。

一方、人間はどうでしょうか？

実は、人間は、外部環境と直接的に関わることはしていないのです。

どういうことかというと、人間と外部環境の間には、一種のバッファゾーン（緩衝《かんしょう》地帯）ともいえる中間領域が存在するのです。

そこを通してでしか、外部環境を認識出来ないような仕組みになっています。

それが、**言語空間という仮想世界（仮想空間）**です。

私たちは、言葉によって外部世界にあるものやことを認識しています。

ということは、**言葉が持つ認識世界（概念や質）が違うと、外部世界の認識そのものも異なってくるというわけなのです。**言語によって、同じ世界を見ているようで、実は異なっていたってびっくりですよね。

さて、その言葉をもとに、事物、事象に「名」をつけて、「体」（対象物の名称）を表すことの出来る言葉とは、いったいどうやって生まれたのでしょうか？

さらに言うと、なぜ、それぞれの対象物には、それに相応《ふさわ》しいとされる音の並び――「名前」となったのでしょうか？

実は、言葉が持つ本質的な姿は、「**模倣**」にあります。

自然界にある森羅万象のありようを、あるがままに捉えて「音声化」しようとする働き――つまり、**声帯や口、舌や歯を使って模倣（仮想的に同じ動きをする口腔内の身体表現）をすることによって、外界環境を捉えようとしたのが、言葉の始まり**となったのです。

その模倣をよく表しているのが**オノマトペ**であり、サラサラやブツブツ、ゴロゴロ、カチカチといった擬音語・擬態語です。

このように、人間から出される自然音はさまざまな音声を発することが出来ますが、それぞれの音素には、オノマトペからもわかるように、模倣された口腔内の身体活動によって感知される、それぞれの語感やニュアンスがあります。

一例を挙げるなら、唇を横に細く広げて、歯の間から強く息を吐きださないと発声できない「き」の音は、少しキツイ感じがしたり、強さや尖った感じをイメージさせますし、「あー」と伸ばすと、その音声はどこにも息が遮ることのない自然音なので、のびのびと開放されるイメージを持つ、といった具合です。

このような口腔内で表される仮想的模倣運動と、音の響きからくる感覚体験が元となり、言葉の基底部が形成されます。

その結果、事象・事物に沿った音声の連なりが名となるわけです。

まさしく**名は体を表す**のですね。

しかしながら、言葉は時代と共に変化しますし、戦争や侵略、文化の断絶といった歴史的経緯と共に、ほぼすべての言語は、自然発生（声）的な原初のかたちを残してはいないのです。

ただ一か所の地域を除いては……。


その地域は、たまたま荒海に囲まれている島で、深い森があり、侵略がしにくい場所にありました。

その後の歴史においても幸いなことに、本格的な侵略はまぬがれたので、原初からの言葉の形態が、奇跡的に残ったままで、断絶することなく、緩やかに変化しながら温存され、今へと至ったのです。

それが**日本語**です。

日本語の中にある、発音体感（語感やニュアンス、イメージ）は日本語話者にとって、無意識的に感得されている共通概念であり、そこに基づいた言葉が、今も日本語のベースをかたちづくっています。

とりわけ、原日本語（やまと言葉）や、オノマトペの中には、そうした素朴で素直な体感がそのまま音声になったものが多く、**話者の脳内世界（言葉によって形成される仮想空間）に彩りと豊かさをもたらせてくれます。**

ここでやっと縄文人の話題へと至るのですが、このような言葉のもとを形作ったのが、縄文人といわれた、私たちの御祖先様だったというわけです。

たとえ、自分は弥生人系とか古墳人系だと思われている方がいたとしても、日本語を話しているということ自体、**日本列島ネイティブたちの言葉を文化的遺伝子を受け継いでいる**、ということになります。

ちなみに、かのソクラテスは、**〝事物と似ている、つまり相応しいものの名が、最美である〟**といった弁明を残しています。

そんな**人類の至宝ともいえる原始的な言葉の形成概念が、日本語の中に残されていた**のですね。もちろん、このことにおいて、日本人が特別であるとか、日本語だけが凄いというお話では一切ありません。

それよりも、もっとマクロに見て、地球という系や、歴史軸から見た特異性であると同時に、これらの自然発生的な人類の言葉のもとを残した意味と役割について、真摯《しんし》に感じ入る時が来ているのではないかと感じます。

遠い祖先である縄文人たちの、**丹念なる観察力と模倣力によって醸成されていった日本語を、大切に語る人でありたい**と強く願います。

縄文人からのメッセージ

言葉は作ったのではない、もたらされたのだ。
言葉は、ありのままに、観て真似した音のつらなりだ。
言葉の中には、我らの魂と神が宿る。
言葉は、愛を語る道具でもある。
言葉は、事と場を創る。

26

縄文的コミュニケーション術——以心伝心とテレパシー

前節で、日本語は縄文人たちをはじめとする古代人からの贈りものであると綴りましたが、そもそも、彼らはすべて言葉として表現していたのだろうか？　ということを探っていきたいと思います。

古来、縄文人と呼ばれた人たちは、森と海、豊かな自然に恵まれて、その自然の恵みと脅威の中で粛々と暮らしていました。

弥生時代になるまで対人用の武器が見つからないことから見ても、出来るだけ戦いを避け、皆で協力して、助け合って暮らしていたと考えられます。

そんな大自然を舞台とする暮らしの中で、なぜ、言葉を必要とするかというと、相手や対象物と寄り添い、繋がり合うためだったのではないでしょうか。

そうした彼らの考え方が垣間見られる言葉があります。

それは、古代語の主語である、「**あ**」（吾）という言葉です。

「あ」（吾）という音は、音声学的にも、息が声帯を通って、舌や唇で一切遮られることなく、そのまま出てくる自然発生音で、開放的でニュートラルなバランスにさせる音声です。


この音声が持つ語感の響きは、「**開く・開ける・感じる・天・生命**」といったニュアンスを持つことから、自身の存在を「あ」として表現していたということは、**自らを肯定的に捉えていたということであり、同時に開放的で無垢な自己として、相手や世界と向かい合っている**ことを示しているとも言えます。


次に、あなたを指す言葉は「な」（汝）ですが、その音素が持つ語感は、「**大切なもの・調和**」といったニュアンスを含みます。

ということは、私とあなたがコミュニケーションを取る時は、素晴らしい私と大切なあなたとの繋がりの世界が広がっていくことになりますね。

なるほど〜。縄文人たちは、このような気持ちをもって、思いやりのある温かな関係性を築こうとしていたんだなぁと思います。

その心の向け方は、決して人だけにとどまりません。草木や鳥、虫、動物、石や水など、すべての存在物に対しても、話しかけていたのでしょう。心の深奥でのコミュニケーションです。

たとえば、「どの草を食べたらいい？」「私、私を食べてちょうだい！　元気になるわ」とある草が教えてくれたり、「あの向こうには、毒蛇がいるから気をつけて」と岩が教えてくれたり、といった世界です。

まるでファンタジーのようなお話ですが、実際、彼らは感性を研ぎ澄ませて、内なるコミュニケーションをとっていたのだと思います。

このコミュニケーションとは「波動言語」による存在物との対話。つまり「テレパシー」です。

テレパシーとは、それぞれが持つ固有振動を、感覚質（クオリア）として受け取り、直観という意識の深層から直截《ちょくせつ》的にコミュニケーションを図る方法です。

直観は、右脳からの回路を通って、「ひらめき」や「感覚」を通して運ばれます。

直観力（その導入的な感覚が虫の知らせです）が研ぎ澄まされることは、そのまま生命が保証されること――身の安全とも直結する能力なので、いわば必須のスキルでもあったことでしょう。

私たちが遥か昔のご先祖様に意識を向けるということは、こうしたかつて彼らが有していたであろう能力についても、個別性を持たない深層意識の領域で、アクセスし合っているということでもあります。

意識は、時と場所を超えて今もなお、繋がっている奥深い世界です。

以心伝心テレパシー、**縄文由来の非言語的コミュニケーション能力が、現代と呼べるこの時代においても開花していったら、鳥や虫や花の声を聴いて、なお一層、調和的な**

世界が訪れるんじゃないでしょうか。
これからの時代が楽しみですね。

縄文人からのメッセージ

心を通して伝わる音色、伝えられる音色。
心静かに研ぎ澄ませ
感じてごらん　世界の音を。
心を開いて繋がってごらん
私はいつもここにいる。

27

虫の音が聞こえるということ——母音語族のヒミツ

さて、あなたは世界の言語を音節から見た場合、2種類に分類されることをご存じでしょうか？

それは母音からなる母音語族と、子音中心の子音語族です。

世界に6000~7000種類はあるといわれている言語の中で、母音語族は、日本とポリネシア語のみ。あとはすべて子音語族なのです。

母音というのは、息を制動せずに、声帯振動だけで話す自然音です。

母音語族は、母音の他、子音も必ず母音がセットとなって発声されます。

シンプルで聞き取りやすく、明瞭なため、海や山などの遠い場所でも、聞こえやすい音です。

まさしく海と森の民であった、縄文人たちが培《つちか》ってきた言葉でもあるのですね。

こうした母音を中心として語る言語は、音響波形的に、自然の音とも似ている特徴があります。

そのため、自然音も母音のある音素に変換して聞こえたり（例：サラサラ、ピューピュー）、同じ自然界の音声である、虫や動物、鳥の鳴き声なども、無意識に音声化して聞こえてくるという特徴があります。

「音声」として聞こえる、ということは、一音一音に語感とニュアンスを持つ「言葉」（代表的なものはオノマトペなど）として知覚する、ということを意味します。

このことは、東京医科歯科大学の名誉教授であった角田《つのだ》忠信博士が行った脳の研究結果からも証明されており、日本人の脳は、子音や母音、感情音や動物・虫・鳥などの声も皆、「**言語脳**」である左脳で処理されるということがわかっています。

それに対して、西欧人の脳は、子音を含む音と計算は言語脳の左脳で、それ以外は、母音も含み、すべて右脳処理となります。

言葉の形態を音声でみると、母音を中心とする語族か、子音を中心とする語族かにわけるとするならば、日本語とポリネシア語のみが母音語族で、他のすべての言語は子音語族、ということになるわけです。

このように、言語を構成する音声骨格が母音中心か子音中心かの違いは、脳の処理システムの違いとなって現れます。具体的に言うと「**感性・感覚の違い**」が生まれ、それによって、どう行動するかも異なってくる、ということになります。

母音語族の特徴は、人の言葉も自然音や感情音、虫の声や小川のせせらぎ、動物の鳴き声なども、すべて言語脳で処理してしまうので、結果として「**自然が、虫が、語りかける」といった世界観の中で生きることになります**。

また、自然発生音である母音は、潜在意識下（部位は脳幹）において、他者（対象物）と融合していこうとする性質を持ちます。

こうして、情緒と論理が交じり合ったまま、自然の中に、他者や自分を溶け合わせ、含ませてしまうという意識を無意識化で有してしまうということになります。

そのため、「話せばわかる（あるいは言わなくてもわかるでしょといった感覚）」や、白黒はっきりさせずに曖昧なままで、というふうになりやすいのですね。

一方、声帯を通った息を、舌や唇、歯で制御し、コントロールして出す「**子音語族**」の特徴は、右脳にある自他の分離の意識を経てから、言語脳へと伝達されるため、潜在意識下では、相手との境界線がどんどん明確にならざるを得ないのです。

その脳処理のシステムが、「主語」あり構文としての言葉が成立したり、境界線をはっきりさせるための、権利や義務の伝達、あるいは、自己と他者の境界線を越えるためのさらなる言葉（たとえば、I love you を定期的に伝える）などが必要になってしまうのです。

自然の中に、溶けあい、対話しようとする母音語族、母音脳の人々と、自然と人との

境を明らかにして、向かい合おう（対峙しよう）とする子音語族、子音脳の人々、面白いなぁと思います。

もちろん、これらの差異は、**比べて優劣をつけるためではない**ことは、肝に銘じておかねばなりません。尚、こうした脳の処理様式は、後天的なもので、9歳までに日常聞いていた母国語によって形成されるということです。

日本は言葉の始まりから現在に至るまで、**奇跡的に、自然音である母音骨格の言語が、現在に至るまで、ゆっくりと醸成されながら温存されたことによって、脳の処理様式も「原始人」（！）のまま、現代人になっちゃった！**　ということでもあるのです。

それにしても、母音の力って凄いですね。

いつのまにか、ボーダーが曖昧になって、相手や対象物と、自然と仲良く融和していこうとする性質が、生来そなわっていたなんて……！

まさしく、どんな子でも可愛いと感じ、包み込んでしまう「お母さん」のよう。

実は、音声を発語する際、聴覚系から内的に聞こえる音は、すべて母音として無意識に受け取っているのだそう。そこから、意識的に、かつ高度に口腔内で息の流れや量、音の性質をコントロールして子音を生んでいるとのこと。

この音の発声の仕組みを知った時、あぁ、やっぱりすべては「お母さん」から生まれるんだなぁと感動したんですね。

子音は現象化を加速させる音でもあるのですが、たとえどんなに子がやんちゃでも、結局は上の歯（は）と下の歯（は）の間である、はは（母）から音が出ていくので、やはりお母さんに見守られているんだなぁと思ったのです。

縄文人たちが、長き時を経て、紡いできた言《こと》の葉《は》たち。笑ったり、泣いたり、野山を駆け巡ったりしながら、皆で助け合い、分かち合いながら生きてきた歴史の集積が、言葉となり、現代の私たちへと至っています。

日本語は、世界でも驚くほど、「ののしり言葉」が少ない言語です。

母なる音の響きに包まれて、森羅万象が織りなす声なき声を代弁することのできる脳の処理様式をいただいた日本語を語る私たち、日本語族の人々よ、どうか誇り高くあらんことを。

縄文人からのメッセージ

母なる響きに　包まれて、
温もり　ほかほか　溶け合うよ。
比べなくても大丈夫。
そのまま　まるごと　素晴らしい。

28 二足直立できるということ——高次元と繋がっていた私たち

縄文と言葉についての考察が続いておりますが……、最後にこちらで締めさせてください(えっ、まだ続くわけ!?……笑)。

人間が言葉を獲得できるようになったのは、二足直立できたからだといわれています。動物のように四足で歩くのではなく、後ろ足となる部分で立ち、前足となる部分が手となって、私たちの遠い祖先は、大地の上で垂直に立ち、二足歩行で暮らすという生活を始めたのです。

このことにより、喉に変化が起き、口腔《こうくう》と咽頭腔《いんとうくう》の位置が90度となったため、口腔内の共鳴空間を広げることが出来、息の出し入れや強さなどがコントロールしやすくなりました。

さらに発声をつかさどる喉頭も発達し、私たちは、肺から上がってくる息（呼吸）を声帯を通して口腔内に送り込み、唇、舌、歯などを使って、細分化された高度な音声を発することが出来るようになったのです。

ただし、動物では二つに分かれている、食べ物の通り道である咽頭と、空気の通り道である喉頭《こうとう》が、人間の場合は分かれてはいない（途中から枝分かれしている）ため、いってみれば、言葉を獲得する代わりに、誤嚥《ごえん》の危険性もはらんでしまった、ということになります。

たとえリスクがあろうとも、言葉を得た人間。それによって文化が蓄積されるようになり、現在へと至ったのが人類というわけだったのです。

ちなみに3か月までの赤ちゃんは、咽頭と喉頭の分化がそれほどはっきりしていないそうです。だからこそ、おっぱいを飲みながら息が出来るのですって。

さて、再び二足直立のお話に戻ります。

頭の下に体があり、足があるという、当たり前ともいえるこの姿。

けれども、そもそもなぜ直立したままでいられるのかを、数理的な物理学の次元という見方からみると、どうにも腑《ふ》に落ちないそうなのです。

このことを、懇意にしている理論物理学者・保江邦夫博士より教えていただきました。

どういうことかというと、もし1次元という直線内に自分がいるのだとすると、認識できる視点は点となり、直線であることを認識することが出来ないというのです。

次に2次元という平面世界に自分がいると、移動する線としての理解はありますが、平面そのものを理解するには、さらに上位の次元から見渡すことが出来なければ、平面認識ができないことになります。

さらに、そこに3次元という、縦横高さを持つ円柱が、2次元平面の上に置かれていると、2次元住人の我は、高さを持たないので、ただ3次元世界である円柱の壁にぶつかるだけで、円柱の姿に気づくこともなく、ただ、それ以上進むことが出来ない何かがある、と認識することになります。

このように、**置かれている世界の一つ下位となる次元は理解できるのですが、その次元そのものを理解するには、さらに上位となる次元を感得していなければ、わからない**ということです。

というわけで、いよいよ私たちが住まう、3次元空間で考えてみましょう。

私たちは、何ら疑うことなく、普段より、世界が、縦横高さのある3次元空間であることを知っています。

……となると、あれ？　なぜこの場所が3次元であることを認識できているのでしょうか？　ちょっとおかしいですね。辻褄《つじつま》が合わなくなります。

答えは、**4次元以上の高次元から、3次元を見渡しているからにほかならない**、ということになると教えてくださいました。

人の本性、本質は、高次元空間に属しています。

その**高次元から、3次元世界を見渡している存在、それが人間なのだ**ということです。

かつ、人間が直立したままでいられるのは、単なる筋肉や骨といった生物学的な要因だけではなく、高次元空間から送られる「空間圧力」によって支えられているのだとのこと。

尚、空間の中には、１次元や2次元、３次元、４次元……とさまざまな次元が、重なり合うように同時存在しており、その高次元からの空間の力をもって直立できているのだそうです。

かつ、肉体としては3次元に身をおきながらも、本体である霊（ヒ）の部分は、高次元に属しているからこそ、３次元を認識して、世界の森羅万象の様態を体験しながら、観察しているということになります。

なんだか理屈っぽいお話となってしまいましたが、こうした**空間の中に秘められた力を活用していた人々が、縄文人であった**と考えられます。

彼らは、自分が何者であるかを知っていたので、日常的に、高次元に属する「本体」

から見渡した目をもって、森羅万象の様態を捉えていたのではないでしょうか。

おそらくは、そのような共通のパラダイムをもって、1万年以上にもわたる長き時を過ごしていたのではないかと促えています。

……とするならば、現象として、表される世界に多様性はあれど、上下の差異は生じることなく、それぞれの「本体」である霊（ヒ）の力を尊び、敬いながら、その時々を慈しみながら生きていたのだろうと思われます。


空間に折りたたまれたさまざまな次元を操りながら、森羅万象に織りなされる一即一切《いっそくいっさい》と戯れる人々――長き時を経て経年劣化（!?）したかもしれない私たち、現代人ですが、その本源的姿は一切変わることなく、今も、私たちを空間を通して支え、私たちが歩むいのちの旅を、応援し続けてくれているのだと思います。

人間って、実に奥深い存在ですね。

縄文人からのメッセージ

私は私を通して、世界を見渡す。
私はカミを中に宿す、尊き存在である。
私の体にはハシラがある。
ハシラを伝って、アメツチ（天地）結ぶ。

第5章

私たちの暮らしの中に、今もなお生きている「縄文」

29

野生の思考と縄文の心——レヴィ＝ストロースが見た世界

フランスの民族学者・人類学者だった**クロード・レヴィ＝ストロース**（1908～2009）は、著書『野生の思考』（1962年刊行）において、近現代の西洋中心の文明史観を痛烈に批判しました。

とりわけ、「未開」な社会と揶揄《やゆ》される、古代社会や先住民族などの文化形態に対して、これは〝未だ開かれていない〟や〝遅れている〟といった軸ではなく、現代の私たちとは別なベクトルの中で、丹念に観察され、知性が蓄積されているのだといった考え方を提唱したのです。

彼は実際にアマゾンの奥地で先住民と暮らしながら、その膨大な知識に感心し、彼らが持つプリミティブで呪術的《じゅじゅつ》・神話的な思考を、「**野生の思考**」と呼び、現代の私たち

レヴィ=ストロース

の拠《よ》り所としている「**科学的思考**」と、優劣としての差異はないと言明したのでした。

そんなレヴィ=ストロースが、最も憧れた国——それは日本でした。

きっかけは幼い頃から集めていた「浮世絵」だったようですが、彼は存命時に5回、日本を訪れ、人類学者ならではの視点で、日本や日本人の感性・精神性についての再発見をしたのです。

その中でも、もっとも彼を興奮させたものが「縄文時代」だったのです。

とりわけ縄文土器には度肝《どぎも》を抜かれたようです。

機能性とは対極にある（笑）華美な装飾のゴテゴテ感、曲線が際立つ非対称な模様を見て、西洋で見出されたアールヌーヴォー（19世紀末〜20世紀初頭）が、日本ではすでに5000年前からあったことに衝撃を受けたのです。

彼は縄文時代について、このように語っています。

「狩猟・漁撈や採集を営み、農耕は行わない定住民で、土器づくりの名手として知られる人たちが生んだ日本の一文明は、私たちに独創性の一例を示してくれます。人類諸文化のすべてを見ても、これに比肩できるものはありません。なぜなら、縄文の土器が、他のどんな土器にも似ていないからです。

まずその年代ですが、これほど古く遡ることのできる土器作りの技術は、他に知られていません……（中略）……私がしばしば自問することは、弥生文化によってもたらされた大移動にもかかわらず、**「縄文精神」**と呼べるかもしれないものが、現代の日本にも存続していないだろうかということです。

もしかすると、日本的美意識の変わることのない特徴は、この縄文精神かもしれません」

こうして20世紀を代表する知の巨人と呼ばれた彼は、**私たちの暮らしの中に、今もな**

お生きている「縄文」を次々と見つけていくのです。

たとえば、素材そのものの味や姿を最大限生かして、美しく彩り提供される和食や、茶器の素朴さ、神話と歴史の連続性があり、日本人の心性の一部となっていること、よく手入れされながらも自然の姿を再現している日本庭園など、鋭い洞察によって見抜いていきます。

とりわけ、個人的に面白いなと思ったのは、日本人の手の洗い方についての洞察です。洗面台で手を洗う時、私たちは無意識に、そして当たり前のごとく、流水で手を洗いますよね。

この習慣は、豊かな水が豊富にある国で、流れる水の中で手を洗っていた太古からの習慣が、現在にまで継承されている記憶の痕跡ではないか、というのです。

実際、ラテン世界では流水では手を洗わずに、いったん排水口の口を閉め、水を溜めてから手を洗うことが多いそうで、普段、何気なく行っている所作の中に、今も縄文が息づいているのだと思うと、ドキドキしてしまいますよね。

実は、レヴィ=ストロースが最も注目したのは、**モノでもなく行為でもなく「人」そのもの**でした。

彼が日本人に見たもの――それは**「人間性」そのものの質の高さであり、豊かさ**だったのです。

博士の言葉を借りれば、

「人々がつねに役に立とうとしている感じを与える、その人たちの社会的地位がどれほど慎ましいものであっても、社会全体が必要としている役割を満たそうとする、それでいて、まったくくつろいだ感じでそれを行うという人間性」を称賛したのでした。

普段、同じ日本人同士の社会の中では、こうした感覚を当たり前のものとして受容しているので、気づかなかったのですが、私たちは「わざわざ」言わずとも、誰かの何かのお役に立てますように、と思いながら、日々を過ごしているのです。

その精神的態度が、仕事の正確さや丁寧さへと繋がったり、**「おもいやり」**や**「おか**

げさま」といった日常表現となって、表れていくのだなぁと思いました。

また、日本の労働観は、**傍（はた）が楽（らく）になるように働く**んだよ、と言われたりするように、働くことは、誰かの何かの役に立てることであり、喜びなのだという考え方から発しています。

古事記においては、日本の最高神である天照大御神《あまてらすおおみかみ》という神様自身が、田んぼを耕しているように、働くことは、神の御心にも沿う行為であるとして、尊いものとされていたのです。

一方、西洋では労働は、エデンの園での禁忌を犯した「罰」として与えられたもの、としての認識になりました。

この考え方を突き詰めると、性悪説《せいあくせつ》か、性善説《せいぜんせつ》かといった話になってしまうのですが、人は生まれながらにして尊き、素晴らしき存在であるとする「陽」から始まる意識と、原罪を持つ「陰」から始まる意識では、一見、同じ行為であったとしても、その質は異ならざるを得ないのだと思います。

日本という土地に住み着いた古代人たちは、**あらゆるすべてが、「ひ」（霊性）を宿す存在として、**自らの存在も「ひ」を宿す尊い存在であるとして、**人やモノ、動植鉱物のなかにある「ひ」を尊び生きてきました。**

この感性、心性が、底支えとなって、**無意識の中で息づいている**ことが、レヴィ=ストロースのいう「人間性」として表れているのかもしれないと思います。

そう考えると、古き時代「縄文」を探りたいのであれば、私たち自身を「掘れ！」ということになりますね。

自らを掘り下げる「発掘調査」（笑）、まだまだ未発掘のものがありそうですね。

縄文人からのメッセージ

内なる野生を呼び覚ませ。
外ではなく、自らを掘れ。
世界を内から、見渡せよ。

30

神道と縄文の面影——大自然の中にカミを見る

「山見れば　高く貴し　川見れば　さやけく清し　水門なす　海もゆたけし……」
（山は高く貴い。川は清く爽やかだ。湊の先に広がる海も豊かだ）

これは万葉集にある一節（長歌より抜粋したもの）で、伊勢の地にて詠《よ》まれたものです。千年以上の時を経た今でも、ふわりと情景が広がってくるような歌ですね。

このようにご先祖様たちは自然を愛で、畏れ、敬いながら、自然と共に生きてきました。

その歴史は、旧石器から合わせると約4万年、縄文から見ても1万5000年以上という、気の遠くなるような時間軸の中、鳥の声を聞き、小川のせせらぎを聞き、風の音を聞きながら、大自然の懐にいだかれて、連綿といのちのバトンを受け渡し続けたのです。

そんなご先祖様たちは、心を研ぎ澄ませながら自然の声なき声に耳を澄ませました。そして、とりわけ強く、静謐《せいひつ》な意識を放っているものを尊び、拝み、敬うようになりました。それは山や岩、木、石といった自然物ではあるものの、奇《く》しき力を宿す聖なるものとして、祈りの対象となり、祀られるようになりました。

これがのちの**神道**となって、日本古来よりある民族宗教として、現在へと至ることになりますが、そもそも最初に、神道という名前があったわけではなく、仏教伝来に伴い、分けるために付けられた名です。

その由来は、「神のように生きる道」や「神へと至る道」、「神の道」から神道と呼ばれるようになった、とされています。

とはいえ、神の概念は、**森羅万象の背後にある奇しき力やその表れも含めてすべて、神である**というものであり、西洋的な一神教の捉え方とは対極にある概念です。

ですので、山の神や海の神をはじめ、数えきれないほどのたくさんの神——八百万《やおよろず》の神が存在していることになります。

中には、禍《わざわい》をもたらす祟《たた》り神や、モノに憑《つ》く付喪神《つくもがみ》、そして家には「カミさん」(笑)まで、実に多くの神様オンパレードです。

まさしく、この感覚、感性そのものが**縄文由来の自然信仰の名残り**であり、弥生時代より本格的に始まった稲作文化と、多くの渡来人の流入により、人格をもった神としてあがめられるようになり、時代はゆるやかに神代から、神の子孫としての人の世へと移っていくことになりますが、神道としてかたち作られた儀礼や風習の中に、縄文の痕跡を数多く見ることが出来ます。

たとえばしめ縄。固く撚《よ》られた縄は、縄文時代における一つのトーテムであり、生命力や繁栄、蘇りのシンボルであった「蛇」が交尾した姿を想起させますし、そのしめ縄で結わえられた岩は「磐座《いわくら》」に、木の形代は「神籬《ひもろぎ》」となって、今なお、崇敬を集めています。

また、境内に入る際に行う手水《てみず》も、やはり、わざわざ柄杓《ひしゃく》で水を汲んで、流水の状態にしてから手を清めます。

そして神道における重要な概念である「**産霊**（むすひ・むすび）」は、「ひ」の力が産《む》すものという、天地・万物を生成化育させる霊妙なる力として、古代の信仰が今も息づいているのです。

通常、「宗教」には教祖や教義、経典を必要としますが、それらが何一つ無い「神道」は、実にプリミティブで素朴な、信仰形態ではないかと思います。

日本人の多くは、特定の宗教を持っていない、と答える人が多いですが、わざわざ特定の名を持たずとも、**長い年月の中で醸成された、素直で真っすぐな祈りの心**は、私たちの無意識の行動となって、暮らしの中に表れていると思います。

朝日や夕陽に手を合わせ、食事の前後にも手を合わせ、誰かと会えばお辞儀をする、ご先祖様にも手を合わせる……こうした「あり方」そのものが、現代に根付く縄文的信仰心であり、それらの祈りのかたちが形式美となり、練磨されたものが神の道――神道として現代にまで継承され、**古代人のスピリットと現在を結び付けています。**

暮らしの中に残る縄文の心を大事に育みながら、次世代に伝えていきたいものですね。

縄文人からのメッセージ

カミなるあらわれ、見破れよ。

カミなるみかげに、生かされよ。

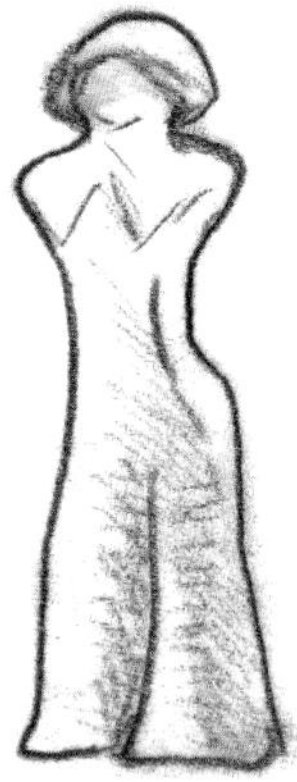

31
包み込む和の国――風呂敷と結び目

日本の特徴を一音の日本語で表そうとすると、あなたはどんな言葉が浮かびますか？

やはり、多くの方は「和」の一文字が浮かぶのではないでしょうか。

同音異義語である、輪や環も同様の親戚関係のようなもの。

こうした「**和の国日本**」、これが国内外で共通する、日本を代表する一文字であると思います。

「和とは何か」をあらためて辞書で調べてみると、（1）仲良くすること。互いに相手を大切にし、協力しあう関係にあること。（2）仲直りをすること。争いをやめること。（3）調和の取れていること。（4）ある数や式に、他の数や式を加えて得られた数や式のこと、と記されています。

では、この「和」が持つイメージを、暮らしの中にあるものとして置き換えてみると何が思い浮かぶでしょうか？

私が「和」と聞いて、真っ先に思い浮かぶものが**「風呂敷」**なのです。

風呂敷の原型は奈良時代から始まり、実際にお風呂（当時は蒸し風呂）の敷物として使われたのが室町時代、江戸になるとお湯のお風呂になったので、風呂敷は衣服を包む布として活躍しました。

そして明治から昭和30年代までは、持ち物を包んで運ぶ布として重宝されたのですが、その後は、手提げ袋や鞄に置き換わって、今ではあまり使われなくなりましたよね。

とはいえ、個人的には、風呂敷は必須アイテムで、雅楽のお稽古の時はもちろん、何かをちょっと包んだり、大事なものを置く際の敷物代わりにしたりなど、たたむとコンパクトでしかも軽いという、便利さと優雅さのある風呂敷が大好きなのです。

風呂敷の特徴は、なんといっても**「どんなものでも包んでしまう」鷹揚《おうよう》さ**であり、形や種類に囚われず、とりあえず何でも包めるよ、という**おおらかで受容的**な和小物なのです。

鞄であると、仕切ったり分けたりすることで、中に入れるものを分類しないといけませんが、風呂敷はその真逆です。

奈良時代が原型の風呂敷

まるで太っ腹なお母さんのように、「いいよ、いいよ、いらっしゃい」と言ってお部屋に入れてしまうイメージです。

こうしてさまざまなものを受け入れて包み込み、風呂敷の四隅を、ふわっと結んで閉じるのです。

そのため、結び目の間が空いていて、入れたはいいけれど、なんだかちょっと合わないなと思うものが、その間にある空間から、いつのまにかポロリと抜け落ちてしまうこともあるんですね。

一方、風呂敷の中に入ったものは、その中で醸成され、練りこまれて洗練されていくのです。食べ物でいうならば「**発酵**」です。そのままより、さらに栄養価が高くなって旨みのあるものへと変化する、という感じでしょうか。

こうして、再び風呂敷を開いた時には、入れた当初のものから数段、洗練されて、かつコンパクト化され、便利になったものが新しく蘇って生まれている――そんな同化力と改善力、つまり「**造り変える力**」を潜在的に持っている国が、日本の底力ではないかと感じています。

別な表現で言い換えるならば、**原理原則にこだわらず、集団・集合としての「和」の力や、全体としての効率に重きを置く、実利的な価値を重要視する、フロシキ力を持っている国**なんじゃないかなと思うのです。

まぁ、よく言えば、融通《ゆうずう》無碍《むげ》で、実は、「ま、いいんじゃない」や「とりあえず」、

「せっかくだから」等の感覚で、**「包み込む」力を発揮している**ように思います。

これを歴史軸の中で見てみると、まずは弥生時代に大量にやってきた渡来人。土着の先住民（縄文人）たちと、数百年かけて同化し、漢字の導入と工夫など、より日本の国土と風土にあったスタイルを構築していったこと。

次は大化の改新後より、自ら進んで中国化（中国文化を取り入れ）したのちに、数百年後には手放し（遣唐使の廃止）、いいものをより練り鍛えてから、日本独自の国風文化が花開いていったこと。

そして明治になると、今度は自ら自己西欧化し、「文明開化」の風と共に西洋文明を受け入れながらも、自国の文化や風習は温存され、完全な西洋化にはならなかった（なれなかった）こと。

ただし、よいところはどんどん取り入れたため、開国からわずか40年で、西洋と肩を並べるまでに技術力や軍事力、経済力などの力をつけていったこと。

また、戦後は戦時中の敵国であった米国に、ほぼ嫌悪感無く、自ら進んで同化したことで、かなり欧米化が進んだものの、日本人らしいものの考え方や風習は温存され、かつ、技術力や経済力、民度の高さは、今も世界に誇るべく長所であること。

……と、ざっと羅列してみましたが、この「**包み込み力**」と共にある、いいものを吸収しつつ、いらないものはいつの間にか振り落とし、かつ便利なものへと創り変えてしまう、「ちゃっかり」力⁉ はどこからくるのでしょうか？

自分より優れていると感じたら、積極的に同化し、それを取り込んで醸成した時には、日本独自のユニークなものとなって、世界に誇れるものとなっている……って、なんだかすごいことですよね。

私はこうした、異質なものを取り込んで、さらに進化させてしまう能力――「和合進展」力こそ、これから日本が世界に輸出することが出来る、知的財産ではないかと思うのです。

なぜ、このような力を与えられたかというと、それは、まさしく縄文時代という現代文明の何倍もある、蓄積された「文明」の痕跡を精神の古層に残しているからにほかなりません。

かつて縄文人と呼ばれた人々は、長き旅路を経て辿り着いた、さまざまな土地からやってきた人々です。そんな彼らを、先住の人たちは「いいよ、どうぞー」と言って受け入れたのです。

「和」して「合」わせて「進」み「展」開させていく和合進展の力、異質なものを掛け合わせて、より素晴らしい何かへと成り代わらせてしまうパワーは、まさしく大宇宙生命意思（自然の本質）である **〝すべては調和の方向へと向かい生成発展していく〟** 働きそのものと通じるということでもあります。

白地に赤い丸をいだいた風呂敷に護られている私たち、多くの洗礼を受けて醸成されたので、準備は万端です。

御自ら結び目をほどいて、真なる力を発揮して参りましょう。

縄文人からのメッセージ

なかよく　なごやか　つつまれて、
なんでも　こいこい　ふろしきは、
むすんで　ひらいて　よみがえる。
いざいざ　ゆきませ　ひのたみよ。

32

森の国のあるがまま――共にありて共に栄える和の結び

国土の3分の2以上が森林に覆われている森の国であり、四方が海原という海の国である我が国は、ユーラシア大陸の最も東側にある極東の国です。

私たちの祖先は、長き旅を経て約4万年ほど前より日本列島に住み、以後、この島へと辿り着いた多くの民たちとゆるやかに同化しながら、〝日本列島人〟として、自然発生言語である日本語という言語を操る人々として、意識を共有してきました。

彼らは長い旅路を経て、ユーラシア大陸のいずれかの場所からやってきた人々であり、たとえ別民族として、文化や風習、気質が違えども、原日本人たちは彼らを受け入れ知恵と工夫を図り暮らしていきました。

そんな**世界一古い混合民族**でもある日本人とその歴史、文化を、メタファーとして表すとどんな言葉が似合うのでしょうか？

閃《ひらめ》いた言葉は「**森の国**」。

森が持つ生態系の豊かさは、まさしく根っこにある、日本人の心性と繋がります。

たとえば、ナラやブナ、シイなど、森は多くの木が自生していますし、草花の種類も数えきれないほどです。

地中や地上では、虫や獣、鳥など豊かな生態系が広がっていますし、微生物の世界まで考えると、無数に広がる曼荼羅《まんだら》世界のようにも見えます。

このように、**多種多様な生命世界が、あるがままに広がっていることが、全体としての調和となる世界**です。

この大自然にいだかれながら、必要なものだけ受け取り、畏敬《いけい》と感謝と共に暮らしていたのが、私たちのご先祖様だった、というわけです。

彼らの世界観は、**すべてのものの中にカミを見る（神性を見出す）世界**でした。

森羅万象の背後にある奇しき力を尊び、畏れ敬い、感謝と共に暮らしてきました。彼らは、自らも自然の一部としてあることを自覚しながら自然に寄り添い、生きてきました。

そこにある精神文化は、大いなる循環――輪・環・和として捉えられ、すべての存在は、**いのちの大本である天（アマ）から、柱をつたって、かたち為《な》すお土の世界へとやってきて、地上での暮らしを楽しんだ後は、再び大本へと戻る**と考えられていました。

そのため、この世界にやってきたすべてのいのちは尊く、**優劣や上下を必要としない、大切な存在として、それぞれのありようが、あるがままに咲いていく**、いのちの等質性と共に円環状に広がっていく、のびやかな世界観を有していたと考えられます。

まさしく豊かな森の生態系を彷彿《ほうふつ》とさせるものでしょう。

世界の主流はまだ、**「砂漠の国」**で醸成された一神教的世界観ですが、今こそ、世界の原初の姿であった、**「森の国」**が持つ感性世界――ありとあらゆるものには神性が宿っていること、かつ、すべてが相関し合い、繋がり合う宇宙の中で、それぞれのいのちがあるがままに発露されることによって、さらなる大調和が図られていくのだという世界観を再興させていく必要があると考えます。

まさしく、万物同根万物一体の世界であり、仏教でいえば、山川草木悉皆成仏《さんせんそうもくしっかいじょうぶつ》、二宮尊徳流にいうならば、一円融合となる世界観であります。

共にありて共に栄える、共存共栄の地平を、「森の国」に住まう人々が、身をもって示すことで、集合意識に変容が起こり、それによって現れる時空そのものがシフトしていきます。

行き過ぎた物質文明から、いよいよ精神と物質が統合された、精神物質文明へ。

オレサマ文明からオカゲサマ文明へ。違いを比べる時空から、違いを尊ぶ時空へ。その鍵を握るのは、霊的使命として担わされた役である、ヒの本の民たちです。

朗《ほが》らかに、胸を張って進んでいきましょうね。

縄文人からのメッセージ

共にありて、共に栄える、
我らの約束、忘れまじ。
ヒのもとたる、我らが民の、
時は来たり、果たしたり。

33

古代と未来を繋ぐ鍵――「マ」を通して繋がる世界

秋も深まったある日のこと、私は友人と共に夜の森を歩いていました。

日中と違い、暗闇に覆われている森の中は、シーンとして冷たく、独特の気が漂っています。とりわけ、道股の先に広がる気配は、人間が気軽に立ち入ってはいけないと感じるほどの深遠さに満ちていました。

私たちは、どうしてもその森の先にある場所へと行かなくてはいけない用事があったので、全感覚を研ぎ澄ませながら、森の小道を進み出しました。

すると、いきなり幾頭もの鹿が、視界の前に表れたかと思うと、次々と駆け抜けていきます。

日中は人も通ることのあるその道を、我が物顔で通り過ぎる鹿たちに圧倒されていると、次にはムササビが鳴き、暗闇の中で、息をひそめて活動している生き物たちの気配まで漂ってきます。

まるでもののけ姫の世界のようだなと思いつつ、さらに進むと、体が少し傾いて歩いているように感じました。「いったい、何が起こっているの？」と意識すると、空間の質が普段とは違って、粘性を帯びた電磁気質の独特のエネルギーを感じました。

私は期せずして異界のような場に飛び込んでしまったことに、戸惑いを隠せませんでした。

呼吸を整えてあたりを見回してみると、木陰の間から、精霊と呼ばれるスピリットたちの気配を感じます。

姿をはっきりと確認することは出来ませんでしたが、一瞬、存在物と目があったと感じた時、私は思わず声を上げそうになりました。

なぜなら、その顔が「縄文土偶」にそっくりだったからです。

一見、人間の姿を象《かたど》っているようにみえながら、人間ではない異界のもの――それが精霊の姿なのだと思いました。

さらに心を研ぎ澄ませると、次は、遠くから太鼓のリズムが聞こえてきました。

ドン、ドドッ、ドン、ドン、ドドッドン……！

音の鳴る方向へ視線を向けると、数十メートル先に、勢いよく燃える篝火《かがりび》が映し出され、隣には縄を巻いた立石が見えました。それらを囲むように、複数の男女の姿がうごめいています。

彼らは太古のリズムに合わせて声を上げながら、徐々にトランス状態に入っていきます。

とりわけ女性は、楕円形や三角形の仮面をつけて、乳房をはだけて舞い、神がかりしているように見えます。

ドキッとしたのは、その中の一人の女性がつけていた仮面が、「仮面のビーナス」のお面と似ていたことです。

やがて女性たちの舞が最高潮になると、月から青白い一条の光が降り、立石を照らしました。すると賑やかな嬌声と共に、男女が自由に結ばれていく様子を心の眼で眺めていました。

寝ているわけでもないのに、私はいったい何を見ているんだろう？と疑問がわいた瞬間、再びムササビの鳴く声が聞こえ、下を見ると、自分の履いている靴が目に留まりました。

ハッとして再びあたりを見渡すと、普通の森と小道が見え、目的の場所まで、あと僅かであることを知りました。

一緒に歩いていた友人に聞いてみると、少しグラついて目眩《めまい》のする場所もあったけれど、何もなかったし、私は普通に歩いていたらしいのです。

私は、歩きながら夢でも見ていたのでしょうか？

いったい何が起こったというのでしょう？

その後、私は少しふらふらしながらも、通常の森を歩き、用事を済ませてから、ホテルへと戻りました。その後もしばらくは、胸の高鳴りが止まりませんでした。

今まで、いろいろと不思議な体験はしているのですが、その時の体験のリアルさは格別で、五感覚と強烈な質感を伴っているため、忘れがたいものとなりました。

今でも、その空間を意識して、心静かに全身の感覚を研ぎ澄ませていくと、その粘度のある空間の膜の中に彼らがいて、今もなお、普通に暮らしが営まれているであろうことを、気配として感じ入ることが出来ます。

そして、わかったのです！

私たちは、空間を通してすべてと繋がっていたことを。

空間は3次元だけの所有物ではなかったのだと。

つまり、**同じ空間内に畳み込まれるようにして、複数の次元が折り重なっている**ことを直覚した、ということなのです。

通常、私たちの意識は3次元に紐づけられているため、異なる次元を垣間《かいま》見ることは出来ませんが、何かの要因で、空間に揺らぎやひずみが起こった時は、異なる時空間へと運ばれることもある。

これを意図的にやっていたのが、縄文の人々だったのではないかと思えてなりません。

さて、縄文時代より使われている言葉（音韻）に「**マ**」というものがあります。

「マ」とは、時間と空間を表す言葉で、たとえば、「つかの間」の「マ」は時間を、「居間」の「マ」は空間をというように、**一音で時間と空間という双方の性質を同じ言葉で言い表している**のです。

縄文人たちは、その徹底的な観察力と洞察力をもって、現代科学が知りえた時間と空間の本質を、もののみごとに「マ」の一音によって表現していたのですね。

「マ」は、真ん中のマのように、**中心点**という意味も持っています。

この意味するところは、どこにも属さず、かつ、どこにでも属することが出来る**最強、最適な場が「マ」**であり、であるからこそ、**同時同刻、同空間に多次元多世界が広がっているよ**、ということでもあります。

長く続いた縄文という時代、意識をどこに据え置くかというと、それは**「マ」という時と場**であり、その中の最強スポットが、**「イマ」**でした。

マ(時間・空間)の真中の場所は「ナカイマ(中今)」と呼ばれます。

そこに意識の座を置いて、時間密度や空間密度を自在に、かつ意図的に変えながら(変性意識状態となって)、現実を創造していたのではないかなと考察しています。


実のところ、今、あなたが読んでくださっているこの本は、書き方は同じような手法で、「中今」に意識をフォーカスさせ、縄文の人たちの気配を感じる時空と心の奥で繋がるという作業をしてから、その概念を言葉に変換して紡いでいったものです。

とりわけ、縄文人からのメッセージについては、その手法をとりました。

とはいえ、教養的な知識ももちろん大切ですので、一つひとつ検証を進めつつ、自分の中で、これなら納得できるというものを抽出して、文章化したものです。


というわけで、ここに書かれている文字の隙間《すきま》や言《こと》の葉《は》の裏では、あなたが接している空間の奥にある、今もなお〝生きている〟縄文の営みと繋がっているかもしれません。彼らは時と場を超えて、あなたの無意識下に今、この瞬間、アクセスしているのかもしれないのです。

現在、という時代は一見、混迷を迎えているように見えますが、それはそう遠くないうちに始まる、新しい時代、新しい価値観に基づいたパラダイムシフトのための、移行期であると考えています。

良きも悪しきもさまざまなことが勃発《ぼっぱつ》するのは、過去の清算でもあり、清々《すがすが》しく生まれ変わるための禊祓《みそぎはらひ》でもあります。

これから始まる黎明《れいめい》の時代――「ネオ縄文」ともいえる、**縄文的心性**をもって、物心共に栄えていく**「霊性文明」の夜明けが近い今、縄文と呼ばれた人々から、時空間を超えて、多くの愛が注がれています。**

本書はそんなあなたに届けられた、彼らからのラブレターでもありました。

最後に届いたラブレターのメッセージがこちらです。

どうぞ、あなたの内側にある血の記憶からの伝言を、心の奥でそうっと受け取ってくださいね。

縄文人からのメッセージ

いとしいあなたへ

私たちは、大いなるものによって包まれ、
生かされている尊き存在です。
私たちは、すべてを包み、愛し、
和合進展していく力と、
すべての中に神を見出す心をもって、

今という時代を、
あなたとして、生きています。

あなたはもう一人の私であり、
私はもう一人のあなたです。
どうぞ、誇り高く進まれますように。
どうぞ、安心して進まれますように。

あなたを、心から、愛しています。

By　あなたの内なる縄文人より

あとがき――「ネオ縄文」時代へ向けて

カンカンカーン！　と音を立て、黒曜石（十勝石）を割ることから始まった私の「縄文趣味」は、数十年の時を経て、一つのかたちとなりました。それが本書―『縄文からまなぶ33の知恵』です。

書籍のタイトルは、執筆を決意した時、瞑想の中で閃《ひらめ》いたものがそのまま採用されることとなりました。全体イメージとしては、さまざまな森の木々が、グラデーションのように連なっているのを感じましたが、見返してみると、確かにそんな雰囲気もあるかなと思い、少しドギマギしています。

さて、書籍化にあたり、最初に取り組んだのは、背景となる学術的な学びをしっかりやろうということでした。が、しばらくすると行き詰まってしまったのです。

というのは、まだまだ分からないことだらけの超古代史。研究者によって、見方や捉え方もバラバラでまとまっておらず、統一見解があるような、ないような……。

調べれば調べるほど、沼に足をすくい取られていくような、居心地の悪さがあったのですが、だからこそ一般人である私も、考察できる余地があるのかもしれないと思い直したことで、以後、ますますハマっていきました。

巻末に、面白かった書籍を羅列しましたので、ご興味のある方は探求してみてくださいね。

こうして、学問としての知見をベースに置きつつも、自身の考察や内なる叡智との対話も入れ、最終的には、読者お一人おひとりが、直接的に精神の古層と結びついて、何かを感じ取っていただけたらと願って、本書を綴りました。

今、おりしも「縄文ブーム」が起こりつつあり、同時に「日本人はスゴイ」といった機運も高まりつつあります。時代の移行期において、自らのルーツを知り、自国の文化や歴史、精神性を知ることは、原点回帰という意味においても、とても大切なことです。

しかしながら、単に「縄文時代はスゴイ」とか「日本人は特別」といった見方には、あまり賛同できません。なぜなら、そもそもの物差しが、比較の中で優劣や正否を図っていく価値観――競争原理に基づいた論考だからです。

むしろ、対象である「縄文」や、本来持っている「日本人らしさ」というのは、その真逆の性質によってやわらかに象《かたど》られています。

もう少し詳しく言うならば、とりあえず何でも受け入れる寛容なる精神であり、それをもって、それぞれが、それぞれに栄えていくことをよしとする、実利的で柔軟な精神――和合進展という意識が根底にあると考えています。

このことを踏まえながら、今、縄文や本来持つ日本人像といったものに焦点が当たることの本意は、つまるところ、善悪・正否・優劣といったスケールからの脱却――二元性からの卒業であり、もとは一つ（縄文でいえばアマなる世界）である一元の世界から、多極である多種多様を包み込む包含的世界観へ、私たちの意識がシフトしていくことではないかと捉えています（詳細は、既著である『パラダイムシフトを超えて　いちばん大切なアセンションの本質』をご参照ください）。

縄文という時代を生きた、ご先祖様の歴史の中には、魂の源郷ともいえる、厳しくも豊かな自然と共に生きた、素朴で素直な、人本来の生き方が詰まっています。

だからといって、縄文時代に戻りたいとは思いません。ただ、私たちの血の記憶の中に刻まれているであろう祖先のスピリット――勇気や知恵、工夫、願い……といったものを、内なるDNAを通して呼び覚まし、彼らと共に未来を共創したいと思います。

つまり、呼び覚ますのは「縄文的心性」であって、その蘇りと共に、日進月歩で進化する科学技術をもって、物心共に栄えていけたらと願っています。

そんな高次の精神性が底支えする、精神的物質文明のことを「霊性文明」と呼び、歴史の変遷軸で見るのなら、「ネオ縄文」時代が始まったということになるのかなと考えています。

まるで、1万年かけて、大きな輪（和）を描き、次なる進化螺旋へと至るがごとく……。

私たちの体の中にあるいのちの螺旋――DNAの中には、膨大な量の情報が記録保持されています。その中には、私へと繋がる先祖の物語や動植鉱物の情報、大地の記憶、そして宇宙や時空間の情報といったものまで、潜在的に刻まれているといいます。

視点を拡大して、それらも含め、「私」であると定義した時、実に「我」は小さいけれども、偉大であるということになります。

今回、その中でも名乗りを上げたのが、あなたの中に眠る古代人として生きたときの記憶であり、祖先たちが紡いだ記憶の集積――知恵が、いよいよ次の進化ステージへとむかう現在のあなたに送り届けられることを願って、書かされたのかなと思いました。

このたび、本の帯にはSHOGENさん――絵の修行で訪れたアフリカの村で教わった、古代日本人の精神性を広める活動をされているペンキ画家――の推薦をいただくこととなりました。

SHOGENさんは、友人の作家・ひすいこたろうさんからのご紹介で、お二人の著書『今日、誰のために生きる?』(廣済堂出版)には、感動的なエピソードと共に、〝村長からの教え〟が綴られています。

それらの内容を出版前にお伺いした私は、目を丸くして驚きました。というのは、すでに執筆中だった本書の内容と関連する箇所が多々あったからです。まるで、時と場を超えて不可視の交流があったのかと見まがうほどに……。いやぁ、人生って面白い。不思議がいっぱいですね。

というわけで、そろそろ筆を置く時となりました。最後に謝辞をお伝えしたく思います。

いつも適切な助言と情熱をもって編集して下さる豊島裕三子さん、センス溢れるデザイナー・三瓶可南子さん、貴重なお写真をご提供下さった真脇遺跡縄文館の加田満様、盟友・ひすいこたろうさんとSHOGENさん。長年お世話になっている徳間書店様、愛する家族や友人、仲間たち、そして今、この本をお読み下さっている縄文的心性の仲間たち――あなたに、心より感謝を申し上げます。

作家として60冊目となる本書は、前著『夢をかなえる、未来をひらく鍵　イマジナル・セル』の具体的提案の書でもある、記念すべき一冊となりました。

縄文のイラストもたくさん描けて楽しかったです。

皆様の心の奥に、何か一つでも響くものがありましたら、大変光栄に存じます。

それではまた、次の本でお会い致しましょう。

有難うございました。弥栄！

風和らぐ春の日に

はせくらみゆき

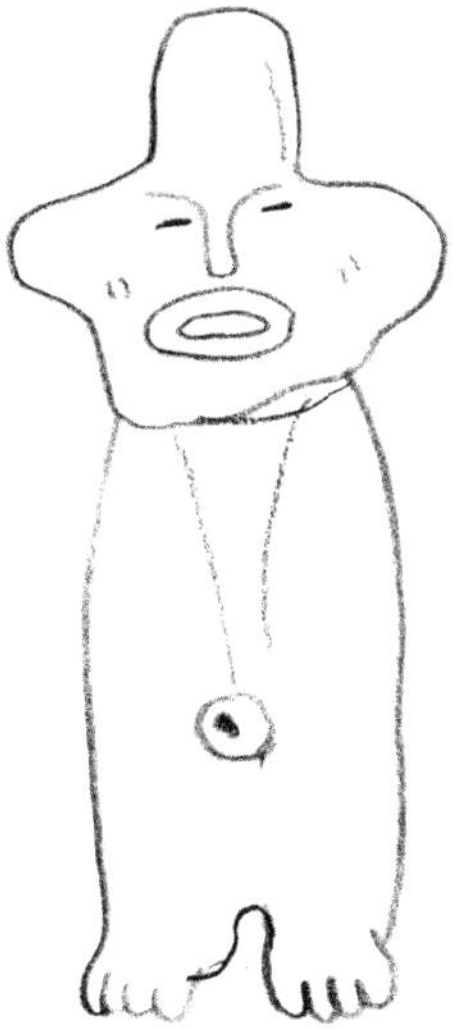

主な参考文献

『現代語古事記』竹田恒康［著］（学研プラス）2011年刊行
『日本書紀（上）全現代語訳』宇治谷孟［翻訳］（講談社学術文庫）1988年刊行
『新訂 魏志倭人伝・後漢書倭伝・宋書倭国伝・隋書倭国伝：中国正史日本伝1』石原道博［翻訳］（岩波文庫）1985年刊行
『縄文の思考』小林達雄［著］（ちくま新書）2008年刊行
『縄文文化が日本人の未来を拓く』小林達雄［著］（徳間書店）2018年刊行
『縄文人の文化力』小林達雄［著］（新書館）1999年刊行／『縄文土器の研究』小林達雄［著］（小学館）1994年刊行
『世界史のなかの縄文―対論』佐原真・小林達雄［著］（新書館）2001年刊行
『縄文人の死生観』山田康弘［著］（角川ソフィア文庫）2018年刊行
『縄文時代の歴史』山田康弘［著］（講談社現代新書）2019年刊行
『縄文時代の不思議と謎』山田康弘［監修］（実業之日本社）2019年刊行
『つくられた縄文時代―日本文化の原像を探る―』山田康弘［著］（新潮選書）2015年刊行
『縄文の思想』瀬川拓郎［著］（講談社現代新書）2017年刊行
『アイヌと縄文：もうひとつの日本の歴史』瀬川拓郎［著］（ちくま新書）2016年刊行
『縄文とケルト：辺境の比較考古学』松木武彦［著］（ちくま新書）2017年刊行
『縄文人に学ぶ』上田篤［著］（新潮新書）2013刊行／『月と蛇と縄文人』大島直行［著］（寿郎社）2014年刊行
『縄文人の世界観』大島直行［著］（国書刊行会）2016年刊行
『縄文人はなぜ死者を穴に埋めたのか』大島直行［著］（国書刊行会）2017年刊行
『土偶を読む―130年間解かれなかった縄文神話の謎』竹倉史人［著］（晶文社）2021年刊行
『土偶を読むを読む』望月昭秀［著編集、他］（文学通信）2023年刊行
『文化としての縄文土器型式』川崎保［著］（雄山閣）2009年刊行
『縄文土器ガイドブック―縄文土器の世界』井口直司［著］（新泉社）2012年刊行

主な参考文献

『新版 縄文美術館』小川忠博［著］、小野正文［監修他］（平凡社）2018年刊行
『縄文土器・土偶』井口直司［著］（角川ソフィア文庫）2018年刊行
『考古学入門』鈴木公雄［著］（東京大学出版会）1988年刊行／『考古学はどんな学問か』鈴木公雄［著］（ちくま学芸文庫）2021年刊行
『ビジュアル版 縄文時代ガイドブック』（シリーズ「遺跡を学ぶ」別冊03 新泉社）2013年刊行
『日本の目覚めは世界の夜明け─今、蘇る縄文の心』長堀 優［著］（でくのぼう出版）2016年刊行
『この国の希望のかたち─新日本文明の可能性』伊勢雅臣［著］（グッドブックス）2021年刊行
『渡り鳥の世界─渡りの科学入門』中村 司［著］（山日ライブラリー 山梨日日新聞社）2012年刊行
『日本人はどこから来たのか？』海部陽介［著］（文春文庫）2019年刊行
『日本の先史文化─その特質と源流』松浦宥一郎［著］（雄山閣）2005年刊行
『再考！ 縄文と弥生：日本先史文化の再構築』国立歴史民俗博物館・藤尾慎一郎［編］（吉川弘文館）2019年刊行
『図説 古代文字入門』大城道則［著］（河出書房新社）2018年刊行
『ギリシャ神話と日本神話 比較神話学の試み』吉田敦彦［著］（みすず書房）1981年刊行
『渡来の古代史 国のかたちをつくったのは誰か』上田正昭［著］（角川選書）2013年刊行
『古代史のテクノロジー 日本の基礎はこうしてつくられた』長野正孝［著］（PHP新書）2023年刊行
『神経美学─美と芸術の脳科学』石津智大［著］渡辺 茂（コーディネーター）（共立スマートセレクション）2019年刊行
『人類の起源─古代DNAが語るホモ・サピエンスの「大いなる旅」』篠田謙一［著］（中公新書）2022年刊行
『日本人の祖先は縄文人だった！ ─いま明かされる日本人ルーツの真実』長浜浩明［著］（展転社）2021年刊行
『縄文人の日本史 縄文人からアイヌへ』澤田健一［著］（柏艪舎）2019年刊行
『古代文明と縄文人 世界に広がる日本の夷』澤田 健一［著］（柏艪舎）2022年刊行
『日本人の源流』小田静夫［監修］（青春文庫）2021年刊行
『タネをまく縄文人：最新科学が覆す農耕の起源』小畑弘己［著］（吉川弘文館）2015年刊行
『地形と海路から読み解く 古代史の深層』グレイル［編集］（歴史BESTシリーズ 辰巳出版）2019年刊行

『消えたシュメール王朝と古代日本の謎』岩田 明［著］（学研プラス）２００４年刊行
『古代メソポタミア全史―シュメル、バビロニアからサーサーン朝ペルシアまで』小林登志子［著］（中公新書）２０２０年刊行
『古代インド』中村 元［著］（講談社学術文庫）２００４年刊行／『世界神話事典』大林太良・吉田敦彦［他編集］（角川選書）２０１２年刊行
『核ＤＮＡ解析でたどる 日本人の源流』斎藤成也［著］（河出文庫）２０２３年刊行
『日本の先史時代―旧石器・縄文・弥生・古墳時代を読みなおす』藤尾慎一郎［著］（中公新書）２０２１年刊行
『新版・土偶手帖 おもしろ土偶と縄文世界遺産』譽田亜紀子［著］（世界文化社）２０２１年刊行
『神道の源流―「縄文」からのメッセージ』吉川竜実［著］（バンクシアブックス）２０２３年刊行
『とこしえの神道―日本人の心の源流』櫻田 弘一［著］（日本研究所）２０１２年刊行
『人類の起源―古代ＤＮＡが語るホモ・サピエンスの「大いなる旅」』篠田謙一［著］（中公新書）２０２２年刊行
『新版 日本人になった祖先たち―ＤＮＡが解明する多元的構造』篠田謙一［著］（ＮＨＫブックス）２０１９年刊行
『「海の民」の日本神話 古代ヤポネシア表通りをゆく』三浦佑之［著］（新潮選書）２０２１年刊行
『知られざる縄文ライフ：え？ 貝塚ってゴミ捨て場じゃなかったんですか!?』譽田亜紀子［著］（誠文堂新光社）２０１７年刊行
『縄文文明 世界中の教科書から消された歴史の真実』小名木善行［著］（ビオ・マガジン）２０２２年刊行
『縄文の円心原理』千賀一生［著］（ヒカルランド）２０２３年刊行
『日本とユダヤの古代史＆世界史―縄文・神話から続く日本建国の真実』茂木 誠・田中英道［著］（ワニブックス）２０２３年刊行
『ジオ・ヒストリア 世界史上の偶然は、地球規模の必然だった！』茂木 誠［著］（笠間書院）２０２２年刊行
『世界史とつなげて学べ 超日本史 日本人を覚醒させる教科書が教えない歴史』茂木 誠［著］（ＫＡＤＯＫＡＷＡ）２０１８年刊行
『天孫人種六千年史の研究一・二・三』三島敦雄［著］板垣英憲［監修］（ともはつよし社）２０１９年刊行
『はみだしの人類学 ともに生きる方法』松村圭一郎［著］（ＮＨＫ出版）２０２０年刊行
『生物進化を考える』木村資生［著］（岩波新書）１９８８年刊行
『レヴィ＝ストロース入門』小田 亮［著］（ちくま新書）２０００年刊行／『民俗学への招待』宮田 登［著］（ちくま新書）１９９６年刊行
『日本語の科学が世界を変える』松尾義之［著］（筑摩選書）２０１５年刊行

『言語の本質―ことばはどう生まれ、進化したか』今井むつみ・秋田喜美〔著〕（中公新書）2023年刊行

『日本語と西欧語 主語の由来を探る』金谷武洋〔著〕（講談社学術文庫）2019年刊行

『日本語に主語はいらない』金谷武洋〔著〕（講談社選書メチエ）2002年刊行

『今日、誰のために生きる？』―アフリカの小さな村が教えてくれた幸せがずっと続く30の物語　ひすいこたろう・SHOGEN（著）（廣済堂出版）2023年刊行

『日本人のための日本語文法入門』原沢伊都夫〔著〕（講談社現代新書）2012年刊行

『未解決のサイエンス―宇宙の秘密、生命の起源、人類の未来を探る』ジョン・マドックス〔著〕（Newton Science Series）2000年刊行

『増補 日本語が亡びるとき：英語の世紀の中で』水村美苗〔著〕（ちくま文庫）2015年刊行

『ことばと文化』鈴木孝夫〔著〕（岩波新書）1973年刊行／『日本語と外国語』鈴木孝夫〔著〕（岩波新書）1990年刊行

『日本人はなぜ日本を愛せないのか』鈴木孝夫〔著〕（新潮選書）2005年刊行

『日本的感性―触覚とずらしの構造』佐々木健一〔著〕（中公新書）2010年刊行

『日本人の脳―脳の働きと東西の文化』角田忠信〔著〕（大修館書店）1978年刊行

『日本語人の脳：理性・感性・情動、時間と大地の科学』角田忠信〔著〕（言叢社）2016年刊行

『言語の脳科学―脳はどのようにことばを生みだすか』酒井邦嘉〔著〕（中公新書）2002年刊行

『日本人の脳に主語はいらない』月本洋〔著〕（講談社選書メチエ）2008年刊行

『日本語肯定論―〈否定〉から〈肯定〉への意識改革』津田幸男〔著〕（啓文社書房）2023年刊行

『国語は好きですか』外山滋比古〔著〕（大修館書店）2014年刊行

『パラダイムシフトを超えて いちばん大切なアセンションの本質』はせくらみゆき〔著〕（徳間書店）2021年刊

『夢をかなえる、未来をひらく鍵　イマジナル・セル』はせくらみゆき〔著〕（徳間書店）2022年刊行

『9次元からの招待状 言霊と科学であなたの世界が変わる』はせくらみゆき・周藤丞治〔著〕（きれい・ねっと）2022年刊行

『波動の時代を生きる　ワンネスと宇宙意識』はせくらみゆき・ジュリアン・シャムルア〔著〕（徳間書店）2023年刊行

『愛と歓喜の数式「量子モナド理論」は完全調和への道』保江　邦夫・はせくらみゆき〔著〕（明窓出版）2023年刊行

はせくらみゆき

画家・作家・雅楽歌人。生きる喜びをアートや文で表すほか、芸術から科学、哲学、文化論など、幅広い分野で活動をするマルチアーティスト。国内外での個展の他、執筆活動、講演、セミナーなどで活躍中。芸術活動においては、2017年にインド国立ガンジー記念館より芸術文化部門における国際平和褒章を受章。2019年に国際アートコンペ（伊）にて世界三位、翌年のコンペ（英）では二位となり、現在、日本とヨーロッパを行き来しながら活動を続けている。

著書に『パラダイムシフトを超えて―いちばん大切なアセンションの本質』、『夢をかなえる、未来をひらく鍵―イマジナル・セル』、『宇宙を味方につけるリッチマネーの秘密』（共に徳間書店）、「Otohime Card」（Neue Erde・独）他、約60冊の著作がある。

Accademia Riaci 絵画科修士課程卒（伊）。

日本美術家連盟正会員・英国王立美術家協会名誉会員。やまと経営者連盟アドバイザー。

(社)あけのうた雅楽振興会代表理事。北海道出身、三児の母。

はせくらみゆき公式 Website
https://www.hasekuramiyuki.com/

縄文からまなぶ33の知恵

第1刷　2024年4月30日
第3刷　2024年7月5日

著　者　はせくらみゆき
発行者　小宮英行
発行所　株式会社徳間書店
〒141-8202　東京都品川区上大崎3-1-1
目黒セントラルスクエア
電話　編集(03)5403-4344／販売(049)293-5521
振替　00140-0-44392
印刷・製本　株式会社広済堂ネクスト

ISBN978-4-19-865816-8